Joseph Chauffrey

Mein kleiner Permakultur-Garten

300 kg Ernte auf 150 qm Fläche mitten in der Stadt

ökobuch

Alle Angaben und Arbeitsanleitungen in diesem Buch wurden nach bestem Wissen und Gewissen zusammengestellt, eine Gewähr für die Richtigkeit wird jedoch nicht übernommen. Infolgedessen lassen sich für die praktische Umsetzung des hier Dargestellten keine Haftungsansprüche gegenüber dem Autor oder dem Verlag ableiten.

Bibliografische Information der Deutschen Nationalbibliothek

Die Deutsche Nationalbibliothek verzeichnet diese Publikation in der Deutschen Nationalbibliografie; detaillierte bibliografische Angaben sind im Internet unter http://dnb.d-nb.de abrufbar.

Die französische Originalausgabe erschien bei Terre Vivante, Mens, Frankreich, unter dem Titel „Mon petit jardin en permaculture"

Übersetzung aus dem Französischen:
Dr. Christl Baum, Elisabeth Battke, Elke Ross

ISBN 978-3-936896-94-7

4. Auflage 2021

Königstr. 43, 26180 Rastede
E-Mail: verlag@oekobuch.de
http://www.oekobuch.de

Druck: Grafisches Centrum Cuno, Calbe

FSC
www.fsc.org
MIX
Papier aus verantwortungsvollen Quellen
FSC® C043106

Inhaltsverzeichnis

Vorwort

Von einem Gartenbuch erwarte ich vor allem, dass es Lust auf Garten macht und mich motiviert, zur Tat zu schreiten. Das gelingt Joseph mit seinem Buch vollkommen. Aber das ist längst nicht alles.
Eine Besonderheit ist, dass es sich an Anfänger im urbanen Gärtnern wendet, aber nicht nur. Ich selbst bewirtschafte seit 35 Jahren einen großen Garten auf dem Land. Nachdem ich das Buch gelesen hatte, verspürte ich den Wunsch, einiges neu zu gestalten. So beschaffte ich Pflanzbehälter und legte Hochbeete an, um empfindliche Kulturen besser pflegen zu können. Außerdem nahm ich mir vor, mein Gewächshaus und meine Folientunnel effizienter zu bewirtschaften. Und ich will versuchen, den Reichtum, den jeder Quadratzentimeter Erde bietet, intensiver zu nutzen. Für den Winter werde ich, wie Joseph, asiatische Salatmischungen säen – kurzum, ich habe viele neue Impulse erhalten!

Dank Josephs Buch und dank einiger Besuche in seinem Garten haben sich meine Ansichten über Permakultur geändert. Ich hatte schon früher davon gehört, war aber skeptisch, weil ich nicht die Möglichkeit hatte, eine Gartenbewirtschaftung nach Permakultur-Prinzipien mit eigenen Augen zu sehen. Nicht ganz zu Unrecht war ich der Meinung, dass alle guten Gärtner Permakultur betreiben, ohne es zu wissen. Einen Baum an der richtigen Stelle und fachgerecht einzupflanzen, die Nutzung des Bodens zu optimieren, die Vorteile des Gewächshauses mit einzubeziehen, seine Pflanzen bestmöglich auszuwählen etc., all das scheint eine Selbstverständlichkeit zu sein. Trotzdem muss ich zugeben, dass Josephs Gartenkultur mehr ist als die Anwendung traditioneller guter Gartenpraktiken.

Faszinierend ist sein ganzheitliches Vorgehen, wobei das Wort „ganzheitlich“ bisher weitgehend für die Medizin reserviert war. Und doch ist es in seiner Bedeutung auch hier angebracht, gerade in einer Zeit, in der weltumfassende Globalisierungsaspekte immer bedeutsamer werden. Gärtner sind schließlich auch Welt-Bürger.

Bei alledem fordert Joseph die Einhaltung bestimmter gestalterischer Prinzipien. Und er hat recht damit. Die richtige Gartenpraxis ist zweifellos wichtig. Sie steht aber nicht im Widerspruch zum Bemühen des Gärtners um Ästhetik, Klarheit und Genauigkeit. Er notiert alles, misst alles und sammelt auf diese Weise wertvolle Erkenntnisse, von denen wir profitieren können. Doch dies ist erst der Anfang: Dieses erste Buch eines jungen Autors ist wegweisend und wird Schule machen, meine ich.

Heute ist Permakultur in Mode. Doch wie wird es weitergehen? Das Konzept der Permakultur lässt zahlreiche junge Gärtner träumen, ebenso wie es die Selbstversorger-Bewegung vor einigen Jahrzehnten tat. Das neue Ziel der Gärtner ist nicht ein verlassenes Dorf in den Cevennen, das mit Hilfe von Kompost aus Gestrüpp nach der Methode von Jean Pain (die Älteren werden wissen, wovon ich spreche!) wiederbelebt wird, sondern die Nutzung kleiner Freiflächen, die mitten in der Stadt erschlossen und nach den Prinzipien der Permakultur zusammen bewirtschaftet werden.

Jean-Paul Thorez

Blick vom Haus in den Reihenhausgarten.

Einführung

Unsere Ernährung einschließlich Herstellung, Transport, Verkauf, Abfallverwertung usw. trägt mehr als 30% zu unserem ökologischen Fußabdruck bei, mehr als Verkehr oder Wohnen. Allein für die Erzeugung einer Kalorie Nahrung auf unserem Teller werden zwölf Kalorien Energieeinsatz benötigt. Daher ist ein „nahrhafter" Garten sinnvoll und befriedigend, vor allem, wenn er umweltgerecht bewirtschaftet wird und wenn er obendrein wegweisende Impulse für die Entwicklung unserer Gesellschaft gibt.

Städtisches Umfeld

Gärten in der Stadt ermöglichen es, einen Teil unserer Nahrungsproduktion wieder in unser Lebensumfeld zurückzuholen. Gleichzeitig tragen sie zur Erhaltung von Grünstrukturen und Wasserläufen bei und sind bei der Vernetzung von Biotopen sowie der Sicherung von ökologischer Durchgängigkeit hilfreich. Das städtische Umfeld erleichtert die Verbreitung guter Gartenpraktiken, dank dynamischer Kollektive, die in der Stadt leichter entstehen können als in ländlichen Regionen (gemeinsame Nutzung von Werkzeugen, gemeinsamer Kompost, Verwertung des Grasschnitts in der Nachbarschaft etc.); ebenso bedeutsam ist die Sichtbarkeit und Zugänglichkeit der städtischen Gärten, in denen ökologische Praxis umgesetzt wird.

Ich zähle die Menschen nicht mehr, die aus Neugierde oder Interesse vor unserem Garten stehen bleiben und schauen. Denn auch die soziale Teilhabe an den Ressourcen und das Wissen darum sind wichtige Aspekte der ethischen Prinzipien der Permakultur.

Beispiel für einen ertragreichen Garten mitten in der Stadt.

Tomate „Bosque Blue", (blaue Strauchtomate)

Gelbstieliger Mangold „Gele Sier"

Permakultur allgemeinverständlich

Die Prinzipien der Permakultur können uns als Planungsinstrument helfen, unseren Garten anzulegen, ihn harmonisch zu gestalten, ertragreich, in Übereinstimmung mit unseren Werten und resilient, d.h. anpassungs- und widerstandsfähig im Hinblick auf störende Einflüsse. Es handelt sich dabei aber nicht einfach nur um neue Gartentechniken – ganz im Gegenteil. Indem wir uns von unserem traditionellen gärtnerischen Wissen anregen lassen und wir aus dem lernen, was die Natur uns zeigt, und indem wir durch Beobachtungen unser Verständnis von intakten Ökosystemen vertiefen, kann jeder einen Permakulturgarten schaffen. Es gibt übrigens zahlreiche Gärtner, die ihren Garten völlig nach Permakultur-Prinzipen betreiben, ohne es zu wissen!

Die Planungsschritte

Die Arbeitsplanung für einen Permakultur-Garten lässt sich in zwei maßgebliche Schritte unterteilen. Im ersten Schritt geht es darum, die Grundprinzipien zu verstehen und anzuwenden, die für jeden Garten gelten, unabhängig von Klima, Größe oder Bodenprofil.
Im zweiten Schritt geht es um eine spezifische Planung, individuell für jeden Garten. Dabei gilt es, sämtliche Einflüsse in Betracht zu ziehen, die den Ort und seine Produktivität beeinflussen. Bei diesem Schritt ist es z.B. angebracht, die Potenziale der Lage zu bestimmen und über mögliche Einschränkungen (Klima, Topographie, Bodenqualität) nachzudenken. Ebenso gilt es, das Anlegen von Wegen und Hecken gleichermaßen wie die eigenen Wünsche, Möglichkeiten und Grenzen zu berücksichtigen: Wieviel Zeit können wir dem Garten widmen, welches Budget steht zur Verfügung, wie viele Personen wollen wir ernähren? Zahlreiche Werke beschäftigen sich mit diesem zweiten entscheidenden Planungsschritt (siehe Literaturverzeichnis S. 109).

Mein Garten als Beispiel

Am Beispiel meines eigenen Gartens werden hier Methoden vorgestellt (oft sehr einfache), die es erlauben, aus einem kleinen Garten – ob nun in der Stadt oder auf dem Land – einen Ort zu schaffen, der ertragreich, vielfältig und gleichzeitig ästhetisch und nachhaltig ist. Die Grundsätze der Permakultur haben mich während der Umsetzung meiner Planungen gut geführt, weil sie großen Respekt vor der Umwelt einerseits mit einer hohen Produktivität andererseits in Übereinstimmung bringen.
Die Vorschläge und Tipps habe ich systematisch durch Beispiele aus meiner Praxis illustriert. Seit mehreren Jahren achte ich darauf, meine Beobachtungen detailliert aufzuschreiben, meine Erfolge und Misserfolge zu analysieren und meine Ernteergebnisse auch gewichtsmäßig zu erfassen, um die Informationen möglichst genau weitergeben zu können. Dennoch haben viele Beispiele in diesem Werk nur einen experimentellen Charakter und sind nicht für jede andere Situation zutreffend.

In diesem Buch werden keine fertigen Lösungen angeboten. Es soll vielmehr zum Nachdenken darüber anregen, wie Sie mit Ihrer Umwelt umgehen. Falls das nicht nur Ihr Interesse weckt, sondern Sie auch neugierig macht und Ihnen Lust vermittelt, sich in der Bewirtschaftung einer kleinen Gartenfläche zu versuchen, dann hat das Buch seinen Zweck erfüllt.

Resilienz: Anpassungs- und Widerstandsfähigkeit als Leitlinie

Der Begriff „Resilienz“ bezeichnet in der Ökologie die Fähigkeit eines Ökosystems (oder auch einer Art), bei äußeren Störungen der Lebensbedingungen die Gesamtfunktion oder die Gesundheit aufrecht zu erhalten und den Ausgangszustand wiederherzustellen. Die Wörter „Anpassungsfähigkeit" oder „Widerstandsfähigkeit" beschreiben den Inhalt dieses Fachbegriffes nur annähernd, werden aber im Folgenden anstelle der umfassenderen Bezeichnung häufig verwendet. Der Garten als Ökosystem ist zahlreichen Umwelteinflüssen ausgesetzt, die seine Funktionen stören können: Luftverschmutzung, Hagel, Trockenheit, Angriffe von Schädlingen oder Pilzen, heftiger Frost usw.
Das Ökosystem Garten muss deshalb dauernd reagieren, um diesen Störungen standzuhalten, und Permakultur-Gärtner können dabei helfen. Alles, was sie unternehmen, sollte dazu führen, diese Anpassungs- und Widerstandsfähigkeit zu verbessern. Indem sie die Vielfalt fördern, den Energieeinsatz beschränken und den Boden pflegen, stärken die Bewirtschafter die Anpassungsfähigkeit ihres Gartens. Von Jahr zu Jahr wird dieser autonomer und gewinnt an Widerstandskraft.

Ein vielfältiger Garten wird so auch bei Schädlingsbefall anpassungsfähiger und widerstandsfähiger sein als eine Monokultur, ebenso wie ein lebendiger Boden besser mit heftigen Niederschlägen fertig wird als er stark verdichtet ist.

Rouen / Frankreich

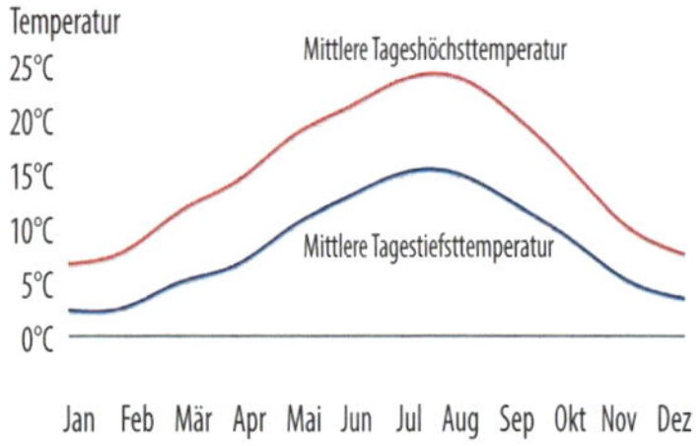

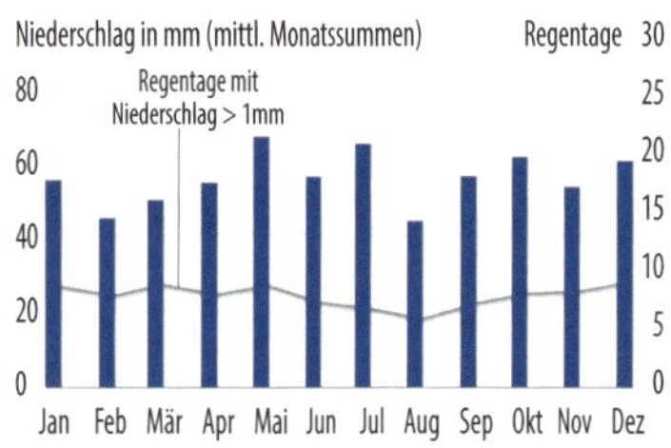

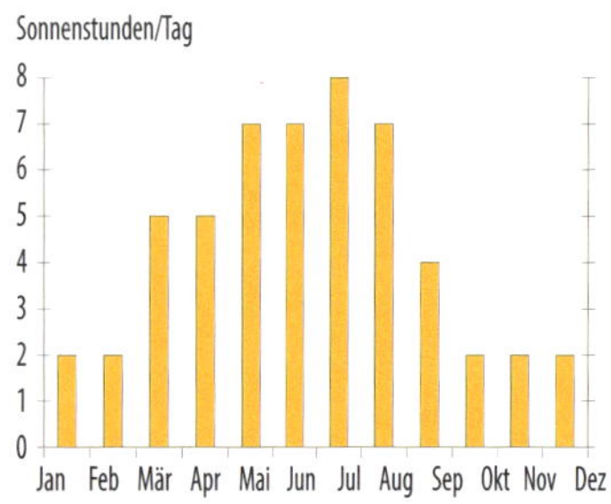

Hamburg

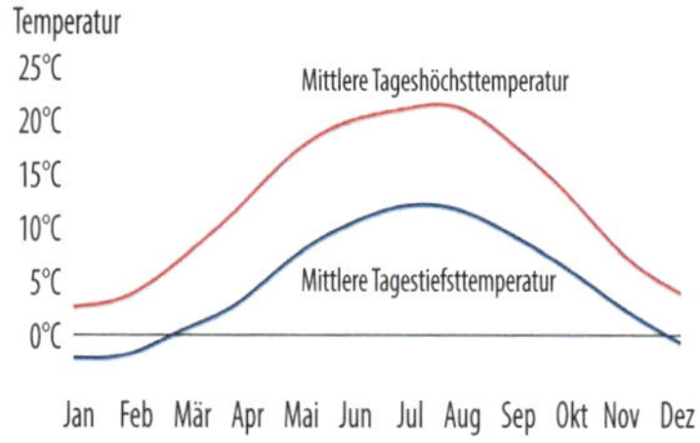

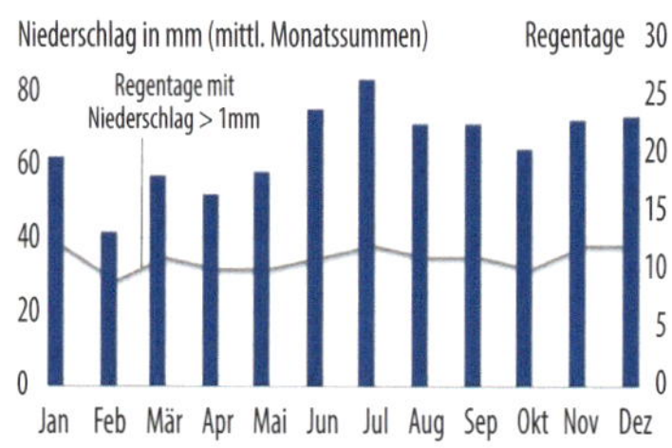

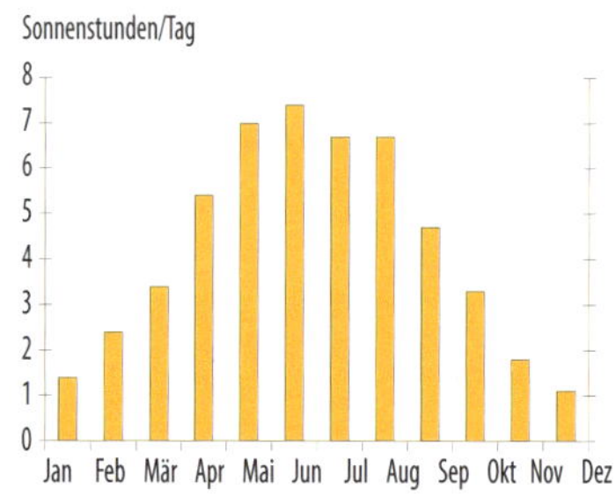

München

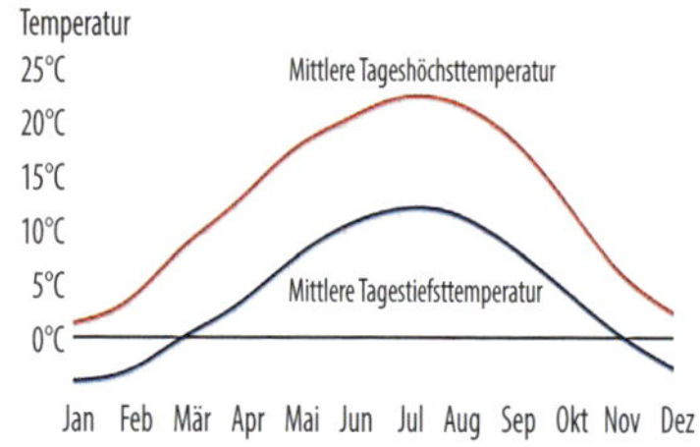

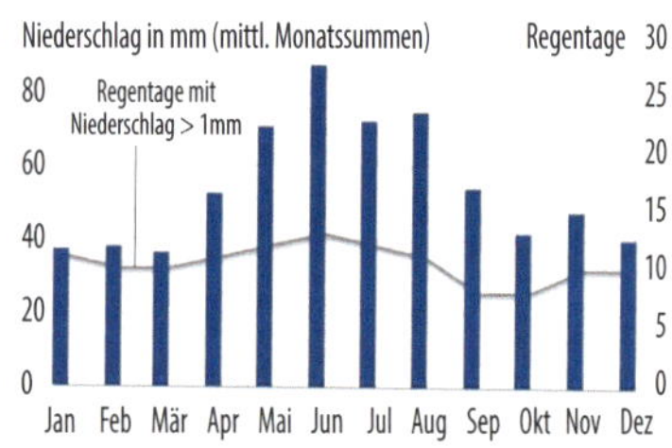

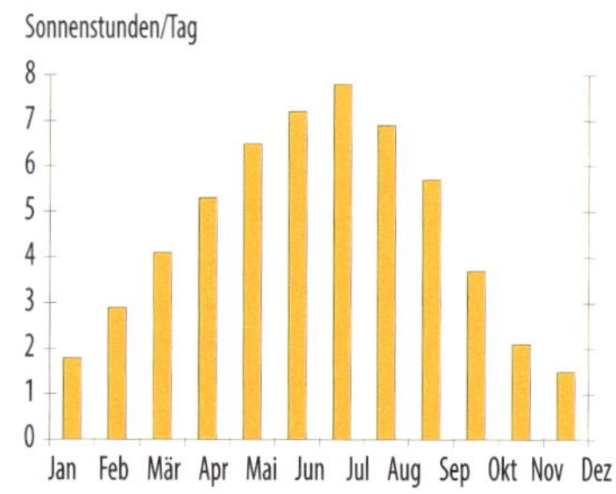

Am Anfang

Als meine Lebensgefährtin und ich 2011 das kleine Stadthaus in der Nähe von Rouen (Normandie) kauften, haben wir die interessanten Möglichkeiten des 150 m^2 großen Gartens nur ahnen können. Er hatte damals weder Charme noch Vielfalt und war durch eine zweiteilige Thuja-Hecke getrennt. Im straßenseitigen Teil gab es eine Betonfläche als Stellplatz für mehrere Fahrzeuge. Fauna und Flora waren armselig. Ein Bagger war nötig, um die Hecken zu entfernen und die Betonfläche zurückzubauen.

Haus und Garten bei unserer Ankunft 2011…

…und einige Wochen später…

Schrittweise Herangehensweise

Während der ersten Jahre haben wir gleichzeitig am Haus gearbeitet, einen großen Schuppen gebaut und die Gartenkonzeption erstellt. Damals hatte ich noch keine Erfahrung, wie ein Garten richtig angelegt wird. Durch mein Master-Diplom in Umweltwissenschaften hatte ich zwar ein globales Verständnis von Ökologie, aber nicht das nötige praktische Wissen, um einen kleinen Gemüsegarten anlegen zu können.

Meine einzige Vorerfahrung in dieser Hinsicht war der Anbau von Radieschen auf der Terrasse unserer alten Wohnung. Viel gelernt habe ich durch Praktika auf dem Hof von Bec Hellouin, wo ich auch einen zertifizierten Permakultur-Kurs absolviert habe, aber ebenso durch verschiedene Aufträge, bei denen ich mit und für Gruppen Empfehlungen für nachhaltiges Gärtnern erarbeitet habe. Die wesentlichen Erfahrungen habe ich jedoch als Autodidakt erworben, indem ich mich nach und nach anhand vieler Sach- und Fachbücher zu diesem Thema kundig gemacht habe.

Klimatisch sind die Unterschiede zwischen Rouen in der Normandie und Deutschland nicht sehr groß. In Rouen sind die Temperaturen wegen der Meeresnähe vor allem im Winter etwas milder als in Deutschland und die späten Fröste weniger häufig.

Der Garten in ständiger Weiterentwicklung

Die Anlage unseres Gartens hat sich über einige Jahre hingezogen und dauert bis heute 6 Jahre. Die Konzeption hat sich durch etliche Neuanfänge gewandelt, dank unserer Überlegungen, Beobachtungen und Änderungen. Auch heute ist die Anlage noch nicht endgültig. Die ständige Weiterentwicklung ist übrigens ein fundamentales Prinzip der Permakultur. Meine täglichen Beobachtungen führen immer wieder zu neuen Anpassungen, mit dem unveränderlichen Ziel, die Nachhaltigkeit des Gartens und seine Anpassungs- und Widerstandsfähigkeit zu verbessern. Einen ertragreichen und nach den Prinzipien der Permakultur gestalteten kleinen Garten anzulegen, so wie wir ihn heute haben, scheint mir für viele Menschen möglich und ziemlich schnell umsetzbar zu sein.

Schnell sichtbare Ergebnisse erzielen

Schon im ersten Jahr können wir erste Ergebnisse beobachten. In der Gartenliteratur wird oftmals Detailaspekten eine übertrieben große Bedeutung beigemessen. Natürlich stelle ich den Einfluss wechselnder Pflanzengesellschaften nicht infrage, ebenso wenig den der Mondphasen usw. – aber diese Aspekte sollten den Laiengärtner nicht daran hindern, erst einmal anzufangen: Das Wissen in diesem Bereich kommt mit der Praxis!

Am Anfang reichten einige Beete…

…dann haben wir die Anbauflächen nach ersten Erfahrungen ausgeweitet.

Der Garten heute, von der Straße aus gesehen.

Die Terrasse bietet ein günstiges Mikroklima.

Das selbstgebaute Gartenhaus ist auf unsere Bedürfnisse perfekt zugeschnitten.

Aufteilung in Abschnitte

In seiner jetzigen Struktur besteht unser Garten aus mehreren kleinen, mehr oder weniger verschiedenartigen Bereichen. Wir wollten genügend Raum zur Erholung schaffen und nicht nur einen reinen Gemüsegarten haben; wir wollen auf der Terrasse viele Freunde empfangen, Fahrräder in einem geräumigen Schuppen unterbringen und auf einem kleinen Stück Wiese lesen können.

Die Terrasse ist der Platz, auf dem wir viel Zeit verbringen. Wir haben einfach am Rand einige Platten entfernt, um Blumenbeete anzulegen. Diese Zone im Garten hat das mildeste Mikroklima. Hier wachsen wärmeliebende Pflanzen, die durch die Nähe zur Hauswand unter besten Bedingungen gedeihen. Geschützt vom Wind profitieren Kirschtomaten, Kürbisse, Weinstöcke, Feigen und dgl. von der Strahlungswärme der Hauswand und der Terrasse und sind dort am richtigen Platz.
Viele Pflanzen lassen sich dort auch in Töpfen ziehen, was ihr frühzeitiges Wachstum begünstigt.

Das Gartenhaus: Unser Selbstbau ist aufgeteilt in einen geschlossenen Teil für die Gartengeräte und eine offene, transparent überdachte Terrasse, auf der wir uns gerne aufhalten. Diesen hellen Platz nutze ich gleichzeitig als Pflanzenschule für alle meine Sämlinge.

Der Gemüsegarten: Er ist im Süden des Grundstücks zwischen dem Hauptweg und einer mittelhohen Mauer an der Grundstücksgrenze angelegt und bekommt im Sommer viel Sonne, ist aber regelmäßig Westwinden ausgesetzt, die in der Normandie sehr häufig sind. Sein Hauptnachteil: Dieser Bereich bekommt kaum direkte Sonneneinstrahlung zwischen November und Februar, da die Nachbarhäuser Schatten werfen. Die Möglichkeiten, im Winter Gemüse anzubauen, sind daher sehr eingeschränkt.

Der Stellplatz: Wir haben kein Fahrzeug, möchten diesen Platz aber frei halten, falls wir ein Auto brauchen. Derzeit benutze ich ihn, um Kulturen auf Strohballen zu testen.

Das Gewächshaus: Wir haben erst einmal abgewartet, um den Garten, seine Besonnung und die verschiedenen mikroklimatischen Zonen besser kennenzulernen. Drei Jahre nach unserem Einzug haben wir das Gewächshaus dann in dem Teil des Gartens aufgestellt, der – abgesehen von der Terrasse – am sonnigsten ist. Im Sommer scheint die Sonne dort zwischen 11 und 20 Uhr. Unglücklicherweise verschatten die Nachbarhäuser diese Stelle ausgerechnet in den zwei Monaten mit den kürzesten Tagen durchgehend. Die Erde kühlt dadurch in diesen Monaten stark ab und macht den Anbau von Winter-Kulturen entsprechend schwierig.

Der 25 m² große Gemüsegarten liegt im Süden des Grundstückes.

Das 6 m² große Gewächshaus mit Verglasung (4 mm) ist teurer als eines aus Plexiglas, aber ungleich schöner!

Der Mini-Obstgarten: Zwei Niederstamm-Obstbäume und einige Quadratmeter Rasen – das ist unser Obstgarten! An diesem vor Einblicken geschützten Ort halten wir uns gern und häufig auf.

Der kleine Teich: Wie beim Gewächshaus haben wir mehrere Jahre lang Beobachtungen angestellt, um den richtigen Standort zu finden. Wir legten ihn schließlich aus gestalterischen Gründen und wegen seiner beruhigenden Wirkung am Rand der Terrasse an und gleichzeitig in der Nähe des Wasserbehälters, um das Nachfüllen des verdunsteten Wassers zu erleichtern.

Links: Dieser Rasenflecken ist unsere Erholungsecke.

Die gestalterische Wirkung ist einer der zahlreichen Gründe für diesen kleinen Teich, der in der Mitte 80 cm tief ist und ein Volumen von ca. 1 m^3 hat.

Auf dem Weg zur Selbstversorgung

Heute können wir uns dank des Gartens mit Gemüse weitgehend selbst versorgen, außer mit Kartoffeln und Chicoree. 2012 betrug unsere jährliche Gemüseproduktion weniger als 100 kg, 2016 waren es mehr als 300 kg. Der Obstertrag ist noch gering (30 kg verschiedene Früchte in 2016), weil wir die Bäume und Büsche erst vor kurzem gepflanzt haben.

Selbst wenn die individuelle Selbstversorgung kein Ziel an sich ist (ich halte eine gemeinschaftlich organisierte Selbstversorgung auf Quartierebene, in einer Stadt oder innerhalb einer Region für sinnvoller), ist es dennoch faszinierend, den vielfältigen Nutzen auch kleiner Kulturflächen aufzuzeigen: Zum einen können sie gesellschaftlich zu einer Verbesserung der Resilienz[1], d.h. zu einer Stärkung und Festigung der Gemeinschaft, beitragen, zum anderen fördern sie ein Wirtschaftsmodell, das für den Planeten und seine Bewohner verträglich ist.

[1] siehe S. 9: Resilienz = Widerstandsfähigkeit, Anpassungsfähigkeit, Regenerationsfähigkeit

Der Garten und seine verschiedenen Räume vom Haus aus gesehen.

Das Ökosystem Garten mit Permakultur-Prinzipien verbessern

- Die Artenvielfalt im Garten unterstützen
- Wechselwirkungen erkennen und fördern
- Ressourcen bestmöglich nutzen
- Den Boden pflegen und verbessern
- Beobachten, verstehen und aufschreiben

Durch die menschlichen Aktivitäten werden die Gärten in der Stadt stark beansprucht. Die Enge der Bebauung, Erdarbeiten, Bodenversiegelung und die zahlreichen Mauern und Zäune führen zu einer spärlich entwickelten Fauna und Flora, zu verdichteten Böden und zu Einschränkungen der Bewegungsfreiheit für die Arten (kleine Säugetiere, Amphibien…).
Im Gegensatz dazu versuchen Permakultur-Gärtner mit der Natur zusammenzuarbeiten und ihre Funktionen und Vielfalt zu nutzen, um ein Ökosystem aufzubauen, das gleichzeitig nachhaltig und sehr ertragreich ist. Die Verbesserung des Ökosystems ist also eine notwendige Voraussetzung für einen nachhaltigen, vielfältigen, ertragreichen und resilienten Garten.

Mauern und Zäune in der Stadt erschweren die freie Bewegung der Arten.

Die Artenvielfalt fördern

Die biologische Vielfalt oder die Vielfalt der lebenden Organismen ist im Garten von zentraler Bedeutung. Je reichhaltiger sie ist, umso mehr hilft dies den Gärtnern bei dem naturgemäßen Umgang mit Krankheiten und Schädlingen, und darüber hinaus gewinnt das Ökosystem an Belastbarkeit, Anpassungs- und Widerstandsfähigkeit. Gesteigert werden die Fähigkeiten des Systems, auf Ereignisse zu reagieren, die es schwächen können, wie Wetter, Parasiten- oder Pilzbefall.
Und außerdem sorgt die Artenvielfalt für eine unendliche Quelle schöner und interessanter Beobachtungen für den, der sie zu schätzen weiß! Welch ein Vergnügen ist es, Schmetterlinge, Libellen, Vögel und Wildblumen zu beobachten!

Die Schwebfliege ist eine wertvolle Hilfe im Garten.

Nistkästen und Futterhäuschen können leicht selbst gebaut werden.

Ein Hagelsturm im Juli 2016...

Die Schäden sind erheblich, aber dank allgemein guter Gesundheit erholen sich die Pflanzen schnell.

Permakultur-Elemente miteinander verbinden

Einer der Schlüssel zu mehr Artenvielfalt im Garten besteht darin, verschiedenartige Milieus, in der Permakultur Elemente genannt, miteinander zu verbinden. Tatsächlich ist das Auftreten unterschiedlicher Pflanzen- und Tierarten von der Umgebung abhängig. Glauben Sie nicht, dass ein kleiner Garten diese Aufgabe unmöglich macht, im Gegenteil er macht sie noch spannender!
Was ist unwirtlicher für die Vielfalt eines kleinen Stadtgartens als ein gemähter Rasen, umsäumt von einer Thujahecke? Selbst auf wenigen Quadratmetern Fläche ist es möglich, eine Wasserstelle, einen kleinen Obstgarten und eine Blumenecke einzurichten. Die Beispiele sind zahlreich und jeder kann nach Lust und Möglichkeiten die am besten geeigneten ausführen. Einige Elemente sind in einem nachhaltigen und vielfältigen Garten aber unverzichtbar:

Bäume

Bäume erfüllen viele ökologische Aufgaben und liefern leckere Ernten. Im Obstgarten gibt es zahlreiche Formen von Kulturen: ein einzelner Baum, eine nahrhafte Hecke, sogar im Kübel lassen sich Obstgehölze ziehen (Niederstämme, Spaliere, Beerensträucher…).

Wasser

Selbst eine sehr kleine Wasserstelle (in einer Tonne oder einem Becken) spielt eine wichtige Rolle im Garten. Bald können Sie dort Vögel beim Trinken und Baden beobachten und mit etwas Glück stellen sich auch Libellen ein. Außerdem entwickeln sich zahlreiche Wasserinsekten und vermehren so die Vielfalt der Tiere im Garten.

Ruhezonen

Damit laden Sie verschiedene Insekten, Vögel und kleine Säugetiere ein. Solche Zonen sollten an den ruhigsten Stellen angelegt werden. Es gibt ebenso viele Möglichkeiten wie es Gärten und Vorlieben gibt: Zweige und Laub unter einer Hecke, eine Blumenwiese, ein Totholzhaufen, einige Quadratmeter Fläche für Bodendecker.

Efeu und Würzkräuter (Thymian, Bohnenkraut…) halten hier den Boden bedeckt.

Libellenlarven kommen in der Nacht aus dem Wasser heraus und klettern an einem Stängel hoch. Am Morgen bleibt nur noch ihre leere Hülle.

Verzicht auf Schädlingsbekämpfungsmittel

Pestizide sind Produkte zur Bekämpfung von Schädlingen oder solcher Organismen, die wir in unserem Garten nicht haben wollen. Dazu gehören Herbizide, Fungizide, Schneckenkorn und Mittel gegen Mücken. All diese Mittel, selbst die für die „biologische Landwirtschaft" zugelassenen, wirken sich auf die Umwelt aus. Permakultur-Gärtner haben den Ehrgeiz, ohne sie auszukommen.

Maßnahmen zur allgemeinen Vorbeugung

Ihr Kohl wird von Raupen gefressen? Ihre Rüben sind von Flohkäfern durchlöchert? Geduld! Ihr Garten ist ein Ökosystem und wenn Sie ihm Zeit lassen, wird er langsam mehr Widerstandsfähigkeit entwickeln. Begleiten Sie ihn auf diesem Weg, ohne alles kontrollieren zu wollen, und akzeptieren Sie Misserfolge, die auch für erfahrene Gärtner unvermeidlich sind.

Es gibt zahlreiche Mittel zur Vorbeugung, die oft nicht mehr als gesunden Menschenverstand erfordern. Die hier beschriebenen Permakultur-Praktiken wie auch das Wissen um die Pflanzen und ihre Bedürfnisse sind dabei von großem Vorteil. Vor dem Ausbringen einer Pflanze muss man sich einige Grundfragen stellen: Ist mein Boden für diese Pflanze geeignet? Wie robust ist sie? Wieviel Dünger braucht sie? Passt sie in die geplante Fruchtfolge?

Kümmern Sie sich gleichermaßen um die Aussaat. Die Keimung des Samenkorns und die ersten Tage der Keimlinge bestimmen die spätere Gesundheit der Pflanze. Der Einsatz von Anzuchttöpfen und -platten ermöglicht darüber hinaus eine bequeme Arbeitshaltung bei der Aussaat (siehe Seite 80).

Bei ganzheitlicher Betrachtung des Gartens wird der Parasitenbefall durch den allmählichen Wandel von Jahr zu Jahr weniger heftig, die Nützlinge werden zahlreicher und die Ernten üppiger.

Marienkäfer…

…und ihre Larven.

Schäden durch Flohkäfer an jungen Radieschen.

Die Begutachtung der Gartenerde liefert wertvolle Hinweise.

Hier war die Lauchfliege unterwegs.

Schutz durch gezielte Maßnahmen

Arbeiten mit der Natur und Steuerung des Ökosystems in Richtung zu mehr Widerstandskraft ist nicht gleichbedeutend mit „niemals eingreifen“. Es hinterlässt einen bitteren Beigeschmack, wenn man sieht, wie der Salat total von Schnecken aufgefressen wird und die Tomaten von Mehltau befallen sind. Manchmal ist es gut, die eigene Toleranzschwelle zu hinterfragen, aber behalten wir im Kopf, dass ein Gemüsegarten trotz allem Gemüse hervorbringen soll.

Das Wichtigste bei allen Maßnahmen sind Kenntnis und genaue Beobachtung der Schädlinge bzw. der Schäden. Es macht keinen Sinn, Ihre Rosen, die bereits von Läusen befallen sind, mit Kupferkalk-Brühe (Kupfersulfat mit Kalk) zu besprühen oder schwarze Seife auf bereits vom Mehltau befallene Gurken zu spritzen. Wichtig ist das Erkennen des Problems, um die richtige Behandlung zu finden.

Was mich betrifft, überlasse ich gerne einige Salatköpfe den Schnecken, und selbst wenn ich gelegentlich das eine oder andere Behandlungsmittel anwende (siehe Kasten auf der nächsten Seite), benutze ich nur Produkte, die für den Biolandbau zugelassen sind.

Gleichermaßen achte ich darauf, nur spezifisch wirkende Mittel anzuwenden, die ihr Ziel erreichen, ohne Schäden bei Nachbarpflanzen anzurichten. Beim Kauf des Mittels muss man aufpassen, denn viele handelsübliche Mitteln enthalten mehrere Bestandteile, um die Wirksamkeit zu steigern. Zum Beispiel wird der Bazillus thuringiensis, der eigens für die Behandlung von Raupen eingesetzt wird, häufig mit Pyrethrum gemischt. Damit bleibt das Produkt zwar wirksam gegen Raupen, wirkt aber auch gegen zahlreiche andere Insekten (darunter sind auch Nützlinge) und verliert so seine spezifische Wirkung.

Meine Gartenapotheke

- **Mittel auf Kupfer- und Schwefelbasis** für die Behandlung von Pilzkrankheiten: Ich benutze sie nur selten und vor allem für Obstbäume, für Tomaten nur in sehr feuchten Sommern (Kupfer) oder auf Gurken (Schwefel), wenn Mehltau am Anfang der Saison auftritt.
- **Schwarze Seife (Savon noir):** Ich benutze sie sehr gezielt nur bei schwerem Läuse-Befall, aber ich kann sie auch in Verbindung mit anderen Behandlungsmitteln zum Benetzen verwenden, damit diese besser haften (wie z.B. Schwefel und Kupferkalk-Brühe). Schwarze Seife erhöht die Wirksamkeit dieser Mittel, sie verbessert die Verteilung und die Haftung auf der behandelten Pflanze.
- **Schneckenkorn Ferramol** (auf Basis von Eisen-III-Phosphat): Dieses schädigt nicht die Fauna im Gegensatz zu Schneckenkorn, das Aldehyd enthält.
- **Brühe** (selbst hergestellt), aus Brennnesseln, aus Schachtelhalm, mit Wasser angesetzter Kompost…
- **Mittel zur physischen Abwehr:** Insektennetz, Pheromonfalle für den Obstwickler, Einsammeln der Raupen und Schnecken von Hand usw. Das Insektennetz benutze ich sehr häufig: Es schützt die Pflanzen vor Insekten und macht Behandlungsmittel überflüssig. Das Netz ist sehr vielseitig anwendbar, um die Lauchfliege und vom Kohl die Kohlweißlinge fernzuhalten.

Ziehen Sie das für die Tierwelt weniger schädliche Ferramol anderen Schneckenbekämpfungsmitteln auf der Basis von Metaldehyden vor.

Feinmaschige Netze sind gegen zahlreiche Schädlinge im Gemüsegarten wirkungsvoll.

Vergissmeinnicht samt sich von Jahr zu Jahr spontan aus.

Wildkräuter wachsen lassen

„Unkraut", „Wildkräuter", „Wildwuchs" etc. – es gibt viele Namen, um die Pflanzen zu benennen, die da wachsen, wo wir sie nicht haben wollen. Aber haben diese Wildkräuter wirklich ihren schlechten Ruf verdient? Wenn man sie besser kennt, versteht man sehr schnell, dass nicht wenige unter ihnen für Gärtner nützlich sein können. Viele sehen nicht nur schön aus, sondern sind auch essbar (siehe Rezept Seite 28) bzw. als Bienenweide oder als Mulch nützlich: nur wenige sind wirklich problematisch im Garten.

Das heißt, es gibt keinen Grund, systematisch zu jäten. In unserem Garten leben die Wildkräuter zusammen mit anderen Pflanzen, sind Nahrung für Insekten und erfreuen mit ihren Farben die Augen.

Bei der „sanften Behandlung" werden also nur einige unerwünschte Wildkräuter entfernt, die sich zu stark vermehren, um sie stehen zu lassen: Es dreht sich vor allem um die Zaunwinde, die bei uns eingedrungen ist, um das Bingelkraut und um den schwarzen Nachtschatten. Wir reißen sie mithilfe eines Unkrautstechers aus.

Bei anderen Wildkräutern schränkt wiederholtes Mulchen das Auftreten in hohem Maß ein und erleichtert das Entfernen, wenn sie die Mulch-Schicht durchdringen. Ich entferne niemals ein Pflänzchen, ohne es bestimmt zu haben. Wenn ich es kenne, entscheide ich, ob ich es ausreiße oder stehenlasse. Bei bestimmten Arten mit hoher Keimfähigkeit lasse ich die Pflanze blühen, um das Ökosystem davon profitieren zu lassen, achte aber darauf, die Blütenstiele zu entfernen, bevor die Samen reifen.

Die giftige Frucht des schwarzen Nachtschattens.

Gemeines Leinkraut.

Borretsch ist bei Bienen sehr beliebt.

Das Schneeglöckchen ist eine der ersten Blumen, die ihre Blüte in den Frühling strecken.

Der Unkrautstecher ist sehr nützlich, um die spröden Wurzeln der Zaunwinde zu entfernen.

Solche Spitzwegerich-Polster lasse ich im Garten stehen, um sie in der Küche zu verwenden. Ich verwende die jungen frischen Blätter, solange sie noch zart sind.

Brotaufstrich aus Spitzwegerich

Spitzwegerich ist ein gutes Beispiel für ein Wildkraut, das auf knusprigem Toastbrot lecker schmeckt. Es gibt mehrere Arten von Wegerich. Der Spitzwegerich ist eine der häufigsten, hat lange geäderte Blätter, deren Saft bei Juckreiz und kleinen Schnittwunden hilfreich ist. Diese Pflanze mit feinem, pilzartigem Geschmack ist roh oder gekocht genießbar, im Salat, im Omelette usw. Ich bereite daraus häufig einen Brotaufstrich, den ich zum Aperitif anbiete.

- 1 Handvoll Spitzwegerichblätter (50 g)
- 4 Esslöffel Olivenöl
- 3 Esslöffel Tahin (Sesampaste)
- Einige Teelöffel Joghurt (oder Pflanzenmilch)
- Salz und Pfeffer

1 Sammeln Sie eine gute Handvoll möglichst junger Spitzwegerichblätter (ungefähr 50 g)

2 Die dicksten Adern entfernen, waschen, dann die Ernte sorgfältig abtropfen lassen

3 Mit einer Schere die Blätter klein schneiden und mit den anderen Zutaten in einen Mixer füllen

4 Das Ganze sehr fein zerkleinern

Wechselwirkungen erkennen und fördern

In der Permakultur werden die einzelnen Elemente (z.B. Baum, Teich, Kompost) nicht isoliert betrachtet, sondern auch die Beziehungen, die es zwischen ihnen gibt und die der Gärtner zwischen ihnen herstellt. Daraus entsteht das Bestreben, jedes Element möglichst so zu platzieren, dass optimale Wechselwirkungen zwischen ihnen entstehen.

Jedes Element erfüllt mehrere Funktionen

Sie sollten die Elemente Ihres Gartens so auswählen, dass jedes Element mehrere Funktionen erfüllt. Dazu gilt es, einige Fragen zu beantworten, z.B.: An welchem Ort des Gartens kann das jeweilige Element für die anderen Elemente am meisten Nutzen bringen? Und umgekehrt: Verträgt sich das Element mit anderen Elementen in der Nachbarschaft? Können die Früchte oder Produkte des Elementes anderen Elementen von Nutzen sein oder unsere Bedürfnisse erfüllen (in Bezug auf Nahrung, Energie, organisches Material, Vielfalt usw.)?

Beispielsweise haben wir die vorgefundene Thujahecke durch eine lebendige Hecke ersetzt, bestehend aus Holunder, Cotoneaster, Aronia usw. Diese bietet nicht nur Sichtschutz und Lebensraum für Vögel, sondern liefert auch viele essbare Beeren sowie Holz, das ich zerkleinere und dem Kompost zufüge.

Borretsch z.B. ersetzt bestimmte einjährige Blumen, die nur zur Zierde dienen. Diese mehrjährige Pflanze erzeugt viel Biomasse, die ich als Bodendecker nutze. Sie ist außerdem eine Bienenweide und erschließt für den Gemüsegarten nützliche Mineralien aus dem Boden. Obendrein wird sie in der Küche zu einem Genuss für den Gaumen des Gärtners.

Indem Sie solche Überlegungen zu den Wechselwirkungen für jedes Element des Gartens anstellen und bei der Anordnung der Elemente berücksichtigen, machen Sie den Garten produktiver und steigern seine Anpassungsfähigkeit (Resilienz).

Durch seine kräftigen Wurzeln kann der Borretsch nützliche Mineralien aus dem Boden erschließen.

Für gute Wachstumsbedingungen sorgen

Die Wachstumsbedingungen im Garten (wie ausreichende Feuchtigkeit, Biomasse zum Mulchen, Wärme für bestimmte Pflanzen oder Windschutz für andere Pflanzen) sollten so gut wie möglich sein und können durch verschiedene Maßnahmen verbessert werden, damit der Garten an Anpassungsfähigkeit gewinnt.

Das *anfallende Regenwasser* kann beispielsweise in einer Tonne, einer Wanne oder einem Becken aufgefangen werden; zusätzlich lohnt es sich, einen Teich oder eine Wasserstelle und, falls Ihr Garten am Hang liegt, ggf. auch Wassergräben anzulegen.
In unserem Fall haben wir zusätzlich zum 800 Liter fassenden Wasserbecken, das aus mehreren Dachrinnen gespeist wird, zwei kleine Teiche eingerichtet, die unseren Wasservorrat erweitern und obendrein Artenvielfalt begünstigen. Ergänzend dazu haben wir auch die Speicherfähigkeit der Erde verbessert, indem wir 800 g/m^2 Bentonit-Ton und gut gereiften Kompost auf dem Boden ausgebracht haben.

Ebenso hat uns der regelmäßige und beträchtliche *Bedarf an Biomasse zum Mulchen* dazu veranlasst, darüber nachzudenken, wie wir den Nachschub vielfältig sichern können. Heute erhalten wir die Biomasse aus:

- pflanzlichen Gartenabfällen, die wir im Garten auf dem Boden liegen lassen (Wildkräuter und Gemüseblätter),
- Pflanzen, die nur für die Produktion von Biomasse gesät werden (Futter-Beinwell, Borretsch, Kapuzinerkresse),
- Grasschnitt und Laub von den Nachbarn,
- Farnkraut, Brennnesseln usw., die wir auf unseren Waldspaziergängen sammeln,
- Stroh, das wir als Ergänzung zukaufen (ungefähr 5 kleine Ballen pro Jahr).

Das Gras von den Nachbarn liefert eine stickstoffhaltige Mulchschicht, die dünn ausgebracht wird, um eine Gärung zu verhindern.

Die Kapuzinerkresse wird regelmäßig geschnitten und liegengelassen.

Ich schätze das Stroh, weil es für Helligkeit sorgt und reich an Kohlenstoff ist.

Ressourcen optimal nutzen

Seit Menschengedenken entwickelt sich das Leben auf der Erde in endlosen Kreisläufen, angetrieben durch die Energie der Sonne. Die Abfälle einer Generation (Pflanzen und Tiere) werden zu Ressourcen für die Nachfolgenden und führen so zu einer sehr großen Nachhaltigkeit des Ökosystems.

Nach diesem Vorbild sollten Permakultur-Gärtner die Ressourcen und Energien in ihrem Garten optimal nutzen, um möglichst intakte Kreisläufe zu schaffen. So gilt es, (Energie-)Verluste nach außen zu verhindern (indem z.B. der eigene Kompost vor Ort, der Mist, anfallendes (Spül-/Ab-)Wasser usw. genutzt wird) und das von außen Einwirkende optimal einzusetzen (Regenwasser, Sonne, Wind usw.).

Ressource Zeit

Klein anfangen

Garten-Neulinge sollten bedenken, dass die Zeit für viele von uns eine sehr kostbare Ressource ist. Die Frage „Wieviel Zeit will ich dem Garten widmen", ist in der Tat sehr wichtig, wenn man nicht sehr bald durch die Arbeit in einem überdimensionierten Gemüse-, Obst- oder Ziergarten entmutigt sein will. Ein sehr kleiner Garten, der maximal genutzt wird, kann ebenso ertragreich sein wie eine deutlich größere Fläche. Auch die Zufriedenheit des Gärtners wird im kleinen Garten viel größer sein als bei einer großen Fläche, die er aus Mangel an Zeit, Geld und Motivation zu wenig pflegen kann.

Kurzum: Der Aufwand für die Pflege der Kulturen ist fundamental wichtig und unbedingt zu beachten.

Wie groß soll der Gemüsegarten also werden? Die Frage ist nicht einfach und hängt sehr von der Erfahrung und dem Geschick der Bewirtschafter ab. Das beste scheint mir zu sein, auf einigen Quadratmetern anzufangen und diesen kleinen Platz optimal im Blick zu haben (die wichtige Pflege der Kulturen, regelmäßiges Beobachten, schnelle Kulturfolge usw.), bevor man daran denkt, die Fläche zu vergrößern.

Intensive Pflege der Kulturen

Die bearbeitete Bodenfläche unseres Gemüse- und Obstgartens beträgt ungefähr 45 m^2. Das ist sicher sehr wenig, und noch vor einigen Jahren waren wir überzeugt, dass diese Fläche nicht ausreichen wird, um bezüglich der Gemüse Selbstversorger zu werden (und vielleicht in einigen Jahren für das eigene Obst). Ich schätze, dass ich in der Hochsaison April bis September 8 bis 10 Stunden pro Woche dem Garten widme, den Rest des Jahres weniger als 2 Stunden. Jährlich 250 Stunden für 45 m^2 Boden macht ungefähr 5 Stunden Aufwand pro Jahr und Quadratmeter für Aussäen, Pikieren, Schneiden, sich um die Fruchtbarkeit des Bodens kümmern, Mulchen, Ernten usw., ohne dabei das regelmäßige Überwachen der Kulturen (fast täglich) zu vergessen. Die den Kulturen gewidmete Sorgfalt ist eine der grundlegenden Voraussetzungen für ein hohes Produktivitätsniveau!

Wir müssen auch festhalten, dass das Gemüse aus unserem Garten zubereitet, gekocht und konserviert werden muss. Die in der Küche verbrachte Zeit ist sicher mindestens so viel wert wie die im Garten.

Das Ökosystem des Waldes ist ein gutes Beispiel für den Kreislauf der Ressourcen. Für sein Funktionieren ist keinerlei Eintrag nötig, und es entsteht kein Abfall.

Raupe des Kohlweißlings auf einem Blatt von Kapuzinerkresse. Unnötig, sie zu vernichten!

Autonomie als Ziel

Die Etappen bei der schrittweisen Gestaltung eines Gartens können langwierig und mühsam erscheinen: Hügelbeete errichten, Pläne umsetzen, Pflanzen sorgfältig auswählen usw. Die Arbeit des Permakultur-Gärtners ist keine schnelle Angelegenheit. Es geht darum, im Laufe der Jahre ein autonomes, fruchtbares und produktives Ökosystem zu schaffen. Man sollte nicht versuchen, alles gleich in den ersten Jahren in den Griff zu bekommen. Es ist auch nicht nötig, um jeden Preis die Blattläuse auf den Rosen oder die Wanzen zu vernichten, die Ihre Stockrosen attackieren! Lassen Sie das Gleichgewicht in Ihrem Garten sich möglichst natürlich entwickeln, sie werden dafür durch große Vielfalt und eine Überfülle an Ernten belohnt.

Blatt vom Johanniskraut, mit Akribie zerfressen.

Jugendliche grüne Wanze…

…und erwachsen! Sie verursacht nur sehr selten Schäden im Garten.

Blattläuse auf dem 'Ewigen Kohl'. Die Schäden halten sich in Grenzen, ein Eingriff ist daher nicht nötig.

Rote und schwarze Johannisbeeren, die Schatten gut vertragen, wurden in einem Bereich mit wenig Sonne gepflanzt.

Ressource Licht

Die Sonne hat ganz offensichtlich großen Einfluss auf das Wachstum der Pflanzen, auf das Mikroklima und auf die Erwärmung des Bodens. Durch die *Photosynthese* wird die Strahlungsenergie in pflanzliche Biomasse umgewandelt, wobei die Pflanzen Sauerstoff freisetzen. Gemüse, Früchte und Blumen sind also quasi „Speicher“ für Sonnenenergie!

Die Aufgabe der Gärtner besteht nun darin, diese kostenlose Energie optimal zu nutzen, indem sie den bestmöglichen Platz für die Elemente ihres Gartens wählen. Manchmal sollte das Licht den Boden erreichen, um ihn zu erwärmen, manchmal muss man es einfangen oder ggf. auch ein Zuviel an Einstrahlung abschirmen.

Durch entsprechende *Dichte und Staffelung der Kulturen* lässt sich erreichen, dass alle Pflanzen genügend Energie erhalten und alle Sonnenstrahlen durch die Blätter aufgefangen werden. Ein anderes Beispiel dafür sind wärmespeichernde Strahlenfänger wie z.B. die Ziegel in der Abb. links unten. Sie wandeln die Strahlung in Wärme um und stellen sie für die Kulturen bereit.

In der Stadt ist die Intensität der Sonneneinstrahlung eingeschränkt, insbesondere die *Verschattung durch benachbarte Gebäude* hat großen Einfluss auf die Planung des Gartens. Im Sommer, wenn die Sonne hoch am Himmel steht, sind diese Einschränkungen nur geringfügig, doch Sie sollten die Besonnung des Gartens im Winterhalbjahr genau beobachten, bevor Sie Ihre Gartenpläne umsetzen.

Die Ziegelsteine rund um eine Melone speichern die Sonnenenergie in Form von Wärme.

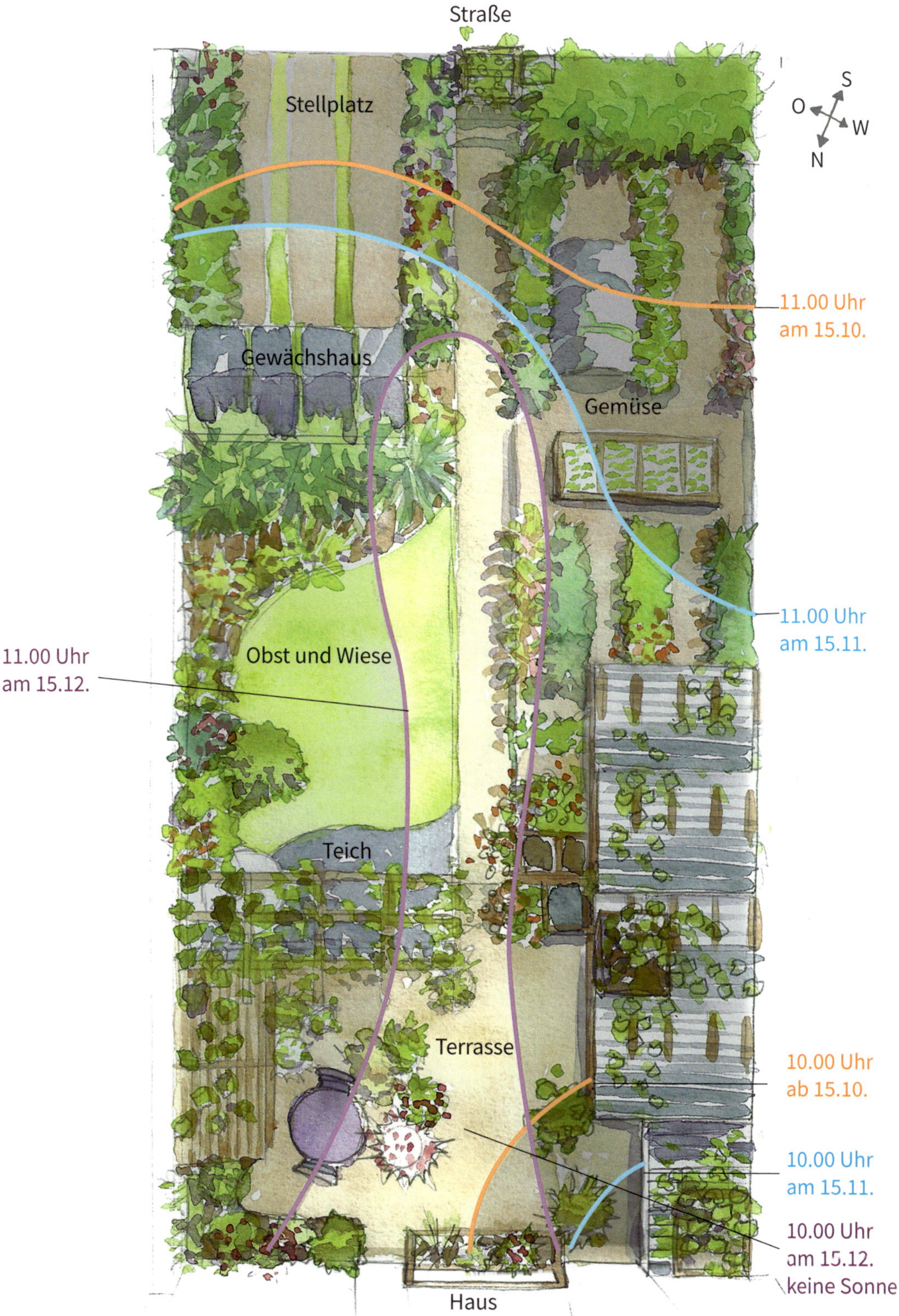

Schatten-Sonne-Grenzen in unserem Garten,
am 15. Oktober, 15. November und 15. Dezember jeweils um 10.00 Uhr bzw. 11.00 Uhr

Ressource Wasser

Für Gärtner ist Wasser generell eine kostbare Ressource, mit der man sparsam umgehen sollte. Anzustreben ist eine *autonome Versorgung mit Regenwasser* einschließlich Regenwasserspeicher, so dass darüber hinaus keinerlei Wasserzufuhr von außen nötig ist.
Der individuelle Wasserbedarf hängt von zahlreichen Einflüssen ab: von der Bearbeitung des Bodens, von der jährlichen Niederschlagsmenge, von der Wasser-Aufnahmekapazität des Bodens, von der Zusammenstellung der Pflanzenarten in Ihrem Garten usw. Einige Jahre Beobachtung sind sicher nötig, um den Wasserbedarf Ihres Gartens genauer zu ermitteln.

Den Bedarf reduzieren

Um den Wasserbedarf generell zu reduzieren, sollten nicht nur dem Klima oder dem Boden angepasste Pflanzen angebaut werden; man kann auch das Gießen begrenzen, um die Pflanzen zu zwingen, das Wasser aus der Tiefe zu holen, und die Wasser-Aufnahmekapazität des Bodens durch Zugabe von Kompost und ein wenig Tonmehl oder Bentonit verbessern. Die Oberfläche mit einer Pflanzendecke (Mulch) bedeckt zu halten ist eine weitere gute Maßnahme, den Wasserverlust zu begrenzen. In unserem Garten nutzen wir auch den Schatten, den großblättrige Pflanzen (wie z.B. Kürbis) im Sommer spenden, um darunter andere sensible und hitzeempfindliche Pflanzen zu ziehen.

Anlegen eines Moorbeetes

In der Natur ist ein Torfmoor ein immerfeuchter Bereich, in dem sich organisches Material in großer Menge ansammelt und einen leicht sauren Boden erzeugt.
Wir wollten im Garten kleine Früchte wie Moos-, Heidel- und Preißelbeeren anpflanzen, aber bei unserem durchweg trockenen und sandigen Boden war das nicht ohne weiteres möglich. Wir haben deshalb mit der Konstruktion eines kleinen Moorbeetes experimentiert, um dessen Entwicklung und Leistungsfähigkeit zu beobachten (siehe rechte Seite).

1 Als erstes habe ich ein ungefähr 1,5 m^2 großes und 60 cm tiefes Loch gegraben und dieses mit einer wasserdichten Kunststofffolie ausgekleidet.

2 In der Mitte des vorgesehenen Moorbeetes habe ich einen einfachen Wasserstandsmesser (Eigenfabrikat) eingesetzt. Der besteht aus einem simplen Kunststoffrohr mit kleinen, über die ganze Länge verteilten Löchern, die mit einem Geotextil gegen das Eindringen von Erde geschützt sind. Mit diesem einfachen Regenmesser kann ich den Wasserstand im Becken regelmäßig ermitteln, indem ich eine feine hölzerne Messlatte ins Rohrinnere eintauche.

3 Anschließend habe ich die Grube mit einer Mischung aus Tannennadeln, Laub, Kompost und Rhododendron-Erde gefüllt.

4 Insgesamt wurde die Erde bis 20 cm über das Niveau der Folie angefüllt, damit oberflächliche Wurzeln niemals im Wasser stehen.

Heute gedeihen die Heidelbeersträucher dort ganz kräftig, aber vor allem die Erdbeerpflanzen, die vorher kümmerlich waren, haben den Raum mit einer unglaublichen Vitalität erobert.

Anlegen eines Moorbeetes in 4 Schritten.

Regenwasser sammeln und nutzen

Statt in mehreren kleinen Behältern sammle ich das Wasser vom Dach des Gartenhauses durch Umleiten der Dachrinnen in einem einzigen Wasserbehälter mit einer Kapazität von 800 l.
Ich habe diesen Wasserbehälter aus vier Euro-Paletten mit stabilen Winkeleisen zusammengebaut und dann das Innere mit einer Teichfolie (0,5 mm dick) ausgekleidet. Auf der Innenseite habe ich eine Messlatte angebracht, um die entnommene Wassermenge beim Bewässern mit dem Gartenschlauch besser abschätzen zu können.
Die Größe des Wasserbehälters reicht im allgemeinen für die Gartenbewässerung. Trotzdem habe ich noch zwei weitere Wasserstellen eingerichtet. Zum einen ist da der kleine Teich mit etwa 1 m^3 Inhalt, aus dem ich während der Trockenperiode regelmäßig Wasser entnehme. Und zum anderen gibt es noch eine kleine Wasserstelle mit kaum 200 Litern, die ich vor allem aus ästhetischen Gründen angelegt habe.

Abgesehen von gelegentlichem Gießen mit dem Schlauch schöpfen wir das Wasser meist mit der Gießkanne. Dadurch entfernen wir bei jeder Entnahme auch einige Mückenlarven, die im Becken herumschwimmen. So haben wir kein Mücken-Problem, obwohl wir überall im Garten Wasser haben.

Regenniederschläge über 10 mm (d.h. 10 Liter Wasser pro m^2 Fläche) sind für die Vegetation ausreichend wirksam und erlauben, das Gießen aufzuschieben.

Das Wasserbecken mit der Messlatte ist aus Euro-Paletten und Teichfolie schnell zusammengebaut.

Im Sommer muss der Teich wegen der Verdunstung häufig nachgefüllt werden.

Meist entnehmen wir das Wasser mit der Gießkanne.

Pflanzliche Ressourcen

Grünabfälle, organische Abfälle, pflanzliche Abfälle usw. sind geläufige Ausdrücke für Grasschnitt, Laub und Grünschnitt. Diese etwas unpassende Terminologie bezeichnet in Wirklichkeit die großartigen Ressourcen „Mulch" und „Kompost", die im Permakultur-Garten sehr begehrt sind, um den organischen Kreislauf zu schließen und um die Struktur und Zusammensetzung der Erde zu verbessern.

Kompost herstellen

Fast alle organischen Materialien können in Kompost verwandelt werden. Dieser erlaubt, die Bodenfruchtbarkeit zu erhalten, da der Boden ohne organische Zufuhr seinen Gehalt an nahrhaften Bestandteilen langfristig verliert.

Wir besitzen zwei Kompostbehälter aus Holz mit einem Fassungsvermögen von jeweils 800 Litern. Jeder Kompostbehälter hat in der Mitte eine Trennwand, so dass insgesamt vier nebeneinanderliegende Abteilungen mit jeweils 400 Liter Inhalt zur Verfügung stehen. Die Untertei-

In unserer Kompost-Anlage sind drei Stadien der Kompostbereitung zu sehen (von rechts nach links): Frische Abfälle, 6 Monate alter Kompost, reifer Kompost (mindestens 1 Jahre alt).

lungen erleichtern das regelmäßige Umsetzen des Komposts, das für die gute Umwandlung des organischen Materials unbedingt nötig ist.

Küchenabfälle, Gemüseblätter und Schnittgut reichen aber nicht aus, um unseren Bedarf an Kompost zu decken, weil Kompost das einzige Mittel ist, unseren Boden zu verbessern. Wir verwerten daher zahlreiche Säcke mit grünem Abfall von unseren Nachbarn, die sich freuen, wenn sie dafür Gemüse erhalten.

Gemüsereste werden grob zerkleinert, bevor sie auf den Boden gelegt werden.

Pflanzenabfälle als Mulch verwenden

Mulchen bedeutet, grüne Abfälle auf dem Gartenboden auszubreiten. Damit ahmt man nach, was in der Natur geschieht, wenn die Blätter von den Bäumen auf den Boden fallen oder die Kräuter verwelken und vergehen.
Das Abdecken mit Mulch hat viele Vorteile: Es schützt die Erde vor Schäden durch Unwetter, mindert das Austrocknen, begünstigt das Bodenleben und behindert das Wachstum von Unkräutern.

Generell ziehe ich das Mulchen dem Kompostieren vor, weil die frische organische Materie die ganze Fauna und Flora des Bodens wirkungsvoll ernährt, was beim Kompostieren etwas zu kurz kommt. Der Grasschnitt wird systematisch als Mulch verwendet, denn auf dem Komposthaufen gärt er schnell und setzt dabei unangenehme Gerüche frei. Nur krankes Gemüse und grobe Pflanzenteile landen auf dem Kompost.

Stickstoffhaltige Abfälle (hier Blätter) werden mit Stroh bedeckt (kohlenstoffhaltig), um die Nährstoffzufuhr (speziell das C/N-Verhältnis) auszugleichen.

Um eine Reihe Erbsen zu säen, schiebe ich den Mulch beiseite.

Aussaat und Pflanzung mit Mulchdecke

Man könnte meinen, dass eine dauerhafte Mulchdecke beim Säen und Pflanzen von Gemüse stört. Das tut sie nicht, wenn man folgendermaßen vorgeht:

Erbsen, Saubohnen, grüne Bohnen: Diese Saaten werden entweder *in Reihen* ausgebracht oder – oft auch – zu mehreren in ein *Pflanzloch* gegeben. Ich schiebe den Mulch mit der Hand beiseite und lockere die Erde mit einer kleinen Schaufel, bringe die Saat ein und bedecke sie mit Erde. Wenn die Pflanzen groß genug sind, drücke ich die Mulchdecke wieder bis an die Gemüsepflanzen heran.

Karotten und Pastinaken: Dies sind die einzigen Kulturen, für die ich den Boden umgrabe, damit das Saatgut gut gelockerte Erde vorfindet. Dazu entferne ich die gesamte Mulchdecke des Beetes. Erst nach der Ernte der Wurzeln wird sie wieder ausgebracht.

Alle anderen Aussaaten werden in Pflanzschalen vorgezogen (siehe Seite 80 ff.). Wenn die Pflanzen groß genug sind, werden die Keimlinge aus der Form genommen und mit einer kleinen Schaufel eingepflanzt. Dazu schiebt man am Pflanzloch die Mulchdecke einfach beiseite. Mit dieser Technik gelingt das Anpflanzen auch bei einer dichten Mulchschicht.

1. Aussaat von Bohnen in ein Pflanzloch: zunächst den Mulch entfernen…

2. … die Erde etwas auflockern,

3. … vier oder fünf Bohnenkerne auslegen…

4. … und mit einigen Zentimetern Erde bedecken.

Den Boden pflegen und verbessern

Man mag es kaum glauben: der größte Teil des Bodenlebens findet in der Erde statt und nicht darauf. Jedes Lebewesen trägt zur Fruchtbarkeit des Bodens bei, indem es sich in die lange Kette der Zersetzungsprozesse des organischen Materials einfügt. Die Sorgfalt, mit der die Erde kultiviert wird, ist deshalb unerlässlich für die gute Gesundheit der Pflanzen. Aber jeder Boden ist anders und die Bodenverhältnisse, die man vor Ort antrifft, sind unendlich vielfältig. Permakultur-Gärtner werden also versuchen, ihre Erde zu verstehen und sie zu charakterisieren, bevor sie zu bestimmten Kulturformen (z.B. Hügelbeet) greifen, die oft etwas zu unüberlegt oder dogmatisch angewandt werden.

Die Erde so wenig wie möglich bearbeiten

Verdichtung vermeiden

Die Pflanze findet die Elemente, aus denen sie besteht, in der Atmosphäre und im Boden. Die Struktur des Bodens bestimmt die Leichtigkeit, mit der die Pflanze Zugang zu den Nährstoffen und Mineralien findet. Je stärker der Boden verdichtet ist, umso mehr verschwinden die vielen tausend Poren, welche die Luft- und Wasserzirkulation ermöglichen. Dadurch wird ein Teil der Nährstoffe für die Pflanze unzugänglich.

Deshalb ist es wichtig, den Gemüsegarten so anzulegen, dass Sie Ihren Fuß nicht in die Pflanzenbeete setzen müssen, sondern außerhalb auf Wegen und Brettern stehen können, die für diesen Zweck vorgesehen sind.

In einem großen Garten ist es am leichtesten, feste Wege anzulegen (die man eingrünen oder mit Stroh bedecken kann) und die breit genug sein sollten, um mit einer Schubkarre fahren zu können. In einem kleinen Gemüsegarten reduzieren Wege von 50 cm Breite und mehr die nutzbare Anbaufläche allerdings beträchtlich.

Deshalb haben wir stabile und wetterfeste Holzbretter ausgelegt, die unseren Garten in drei Teile aufteilen, und arbeiten darüber hinaus mit etwas leichteren und handlicheren Brettern, die wir zwischen den Beeten verschieben können. Diese ca. 10 cm breiten Bretter bedecken zusammen genommen etwa 5 m^2 Grundfläche und verkleinern entsprechend die nutzbare Anbaufläche.

Trittbretter aus witterungsbeständigem Holz erleichtern das Betreten der Beete und die tägliche Pflege des Gemüsegartens.

Ein Hügelbeet anlegen

Ein Hügelbeet (Breite ca. 1 m) zeichnet sich nicht nur durch große Fruchtbarkeit und ein gutes Wasserspeichervermögen aus, es lässt sich auch leichter bewirtschaften, weil man bei der Einsaat sowie beim Pflegen und Versetzen der Pflanzen nicht auf die Erde treten muss.

1. Für das Hügelbeet haben wir die Erde auf 1 m Breite 20 cm tief ausgehoben, und die Grabensohle mit einer „Grelinette" (doppelstielige Grabegabel) aufgelockert.

2. Auf dem Boden werden als erstes stärkere zerfallende Äste und kleinere Stammabschnitte ausgelegt.

3. Dazwischen eingeschichtete, fein zerkleinerte Äste oder Holzhäcksel füllen den Raum zwischen den Ästen.

4. Darauf wird stickstoffhaltiges Material (Kräuter, Blätter, Laubwerk) aufgebracht, ...

5. ... dann die entnommene Erde aufgeschüttet...

6. ...und mit dem Rechen in Form gebracht.

7. Nach Aufbringen einer Lage Kompost kann das Hügelbeet bepflanzt werden.

Lockern ohne Umgraben

Um das Bodenleben nicht durcheinander zu bringen und die biologische Aktivität nicht zu sehr zu stören, empfiehlt es sich, den Boden aufzulockern und ihn nicht umzugraben, wie es traditionell häufig gemacht wird.

Dabei gehe ich folgendermaßen vor: Ende Herbst oder Anfang Winter lockere ich den Boden mithilfe der Grelinette, einer doppelstieligen Grabegabel, mit der ich schnell und ohne Anstrengung arbeiten kann: Es ist unnötig, die Erde mit einem traditionellen Spaten umzustechen. Dickere Erdschollen, die beim Lockern entstehen, zerfallen durch Frost und winterliches Schlechtwetter. Auf den Beeten, die zu dieser Zeit noch bewachsen sind (Lauch, Kohl, Karotten, Gründünger), warte ich mit dieser Arbeit bis zum Frühling. Ich achte stets darauf, dass die Erde beim Lockern weder gefroren noch zu nass ist. Nach der Arbeit mit der Grelinette glätte ich den Boden manchmal noch mit dem Rechen.

Für die meisten Gemüsesorten, die als Setzlinge gepflanzt werden, ist es nicht nötig, die Erde sorgfältig zu glätten und komplett von Mulchresten zu befreien. Oft benutze ich daher die Grelinette und lasse den Mulch einfach liegen; natürlich kann ich den Boden dann nicht rechen, sehe darin aber auch keinen Nachteil.

Anders gehe ich bei der Aussaat von anspruchsvollem Wurzelgemüse (Karotten, Pastinaken) vor, denn meine Versuche diesbezüglich waren bei zu grober Bodenstruktur nicht erfolgreich. Hier grabe ich den Boden mit einer Grabegabel vollständig um und glätte ihn dann sorgfältig.

Die Grelinette ist eine Doppelgabel, um den Boden zu lockern, ohne ihn zu wenden. Dank der beiden hölzernen Stiele kann auf der Stelle gearbeitet werden, indem sie abwechselnd rechts und links des Körpers nach unten gedrückt wird. Das Werkzeug aus Frankreich ist inzwischen auch in Deutschland erhältlich. Die praktische Grelinette gibt es mit 3 oder 4 Zähnen, mit verstellbarem Abstand der Stiele usw. Wählen Sie das Gerät, mit dem Sie am besten umgehen können.

Die Grelinette kann auch durch eine bestehende Mulchschicht hindurch benutzt werden.

Verbesserung der Bodenstruktur

Stadt-Gärtner sind mit der vorgefundenen Bodenqualität selten zufrieden. Oftmals ist der Boden durch Bauarbeiten verdichtet, verunreinigt und/oder mit Schutt und Abfall durchsetzt, so dass mehrjährige Bemühungen nötig sind, um ihn ausreichend zu verbessern. Dennoch reichen in der Regel einfache Mittel (Kompost, Gründüngung…) zur Verbesserung aus. Das Aufschütten von fremdem Mutterboden sollte nur als allerletztes Mittel in Betracht gezogen werden, weil die Qualität der bestellten Erde oft schwer einzuschätzen ist.

Gründüngung aussäen

Gründüngung ist eine wirksame Methode, um das Bodenleben anzuregen und den Humusgehalt im Gemüsegarten zu steigern. Die Wurzeln bearbeiten den Boden in der Tiefe und die Blätter produzieren organisches Material, das die Erde anreichert, ohne dass – abgesehen vom Säen und Mähen während der Blüte – weitere Arbeiten nötig sind. Manche Gründünger (Leguminosen) können mithilfe von Knöllchenbakterien an den Wurzeln sogar Stickstoff aus der Luft binden. Wenn der Gründünger gemäht ist, zersetzen sich die Wurzeln im Boden und setzen den Stickstoff frei, der von den Pflanzen assimiliert werden kann.

In unserem Garten haben wir eigentlich wenig Platz für Gründüngung, da die Kulturen sehr eng stehen und im Jahresverlauf häufig wechseln. Dennoch nutze ich Gründüngung folgendermaßen:

• Im September-Oktober

säe ich Gründüngung auf frei gewordenen Beete. Sehr gerne benutze ich seit einigen Jahren eine Mischung aus Roggen und Wicken. Den Roggen mähe ich im folgenden Frühjahr, einige Wochen vor dem Ausbringen der ersten Kulturen. Die Wicken erfrieren meist schon im Winter.

• Im Frühling

Aussaat von schnell wachsender Gründüngung (eine Mischung aus Saatwicke, Bienenfreund (*Phacelia*), Klee usw.), hauptsächlich für Pflanzen, die ab Mai viel Stickstoff brauchen (Tomaten, Kürbisgewächse, Kohl…).

Die Aussaat erfolgt von Hand und ist auch bei grober Bodenstruktur möglich.

Eine Mischung aus Roggen und Wicken wird z.B. mit einem Rasenkantenschneider abgeschnitten …

… und bleibt als Mulch auf dem Boden liegen.

Knöllchen an den Wurzeln von Saubohnen.

Für die Düngung sollte der Kompost ganz reif sein: schwarz, gut zersetzt und mit einem angenehmen, leicht holzigen Geruch.

Um die ausgebrachte Menge zu ermitteln, wiegen Sie einfach einmal den Inhalt eines Eimers mit Kompost.

Der Kompost wird oberflächlich ausgestreut und braucht nicht in die Erde eingearbeitet zu werden.

Kompost richtig anwenden

Der Gebrauch von Kompost, also von organischem Bodendünger, bringt, wie schon erwähnt, eine nachhaltige Verbesserung der Bodenfruchtbarkeit und -beschaffenheit. Im Unterschied zu dem sehr einfach zu handhabenden Mulchen (man muss nur frische Pflanzenabfälle auf den Boden ausbringen), sollte Kompost zwecks optimaler Wirkung mit Umsicht und wohldosiert eingesetzt werden.

Kompost ist eher als konzentrierter Dünger anzusehen, der im richtigen Moment und in der richtigen Menge auszubringen ist.
Ich verwende Kompost, der gut zersetzt sein muss, auf dreierlei Arten:

- **Ausstreuen während der Aussaat**

(oder während des Umsetzens) ist für die meisten Pflanzen geeignet, die eine Zufuhr von Kompost benötigen. Für Salat, Karotten, Rote Rüben, Bohnen z.B. ist nur eine bescheidene Menge von 2 bis 3 kg pro qm Bodenfläche nötig. Ausstreuen wende ich auch bei Pflanzen an, die sehr viel Stickstoff brauchen oder die mit wenig Abstand gepflanzt werden, und bei solchen, die man ohne Pflanzloch aussät (Spinat, Lauch…). Bei solchen Kulturen bringe ich 3 bis 5 kg reifen Kompost pro Quadratmeter Fläche aus.

- **Einbringen in Pflanzlöcher:**

Für Sommerkulturen, die viel Stickstoff benötigen, z.B. für Tomaten und Gurken, treibe ich einigen Aufwand, grabe ein tieferes Pflanzloch und fülle es mit einem halben Eimer Kompost, den ich sorgfältig mit der Erde vermische.

- **Zum Angießen der Neupflanzungen**

von anspruchsvollen Kulturen und von Pflanzen in Gefäßen mische ich etwa 10 Liter Wasser mit mehreren Handvoll Kompost, filtere die Brühe und nutze die Flüssigkeit zum Gießen, während die Rückstände wieder auf den Kompost wandern.

Beobachten, verstehen, aufschreiben

Beobachten und verstehen

Ein Permakultur-Garten benötigt zum Funktionieren nur wenig Einsatz physischer Arbeit. Die Gärtner brauchen jedoch für ihre Planung und ihre pflegenden Eingriffe zahlreiche Informationen, die sie durch aufmerksame Beobachtungen und Messungen gewinnen. Am Ende ist es weniger die Größe des Gartens, die den Ernteertrag bestimmt, sondern vielmehr die Qualität der Beobachtungen und die aufgrund dessen vorgenommenen Maßnahmen.

Für mich ist die Zeit von Bedeutung, die ich dem Garten und den Pflanzen und Tieren darin widme. Denn durch sie vertiefe ich mein Verständnis des Ökosystems und finde bessere Antworten bei auftretenden Problemen: Wie soll ich auf die Beobachtung von angefressenen Blättern reagieren, wenn ich deren Ursache nicht kenne? Sind es Schnecken, Raupen, Rüsselkäfer oder Wanzen?

Mit einer zumindest lückenhaften Kenntnis der Flora und Fauna seines Gartens findet man Zugang zu allem weiteren. Mit Hilfe von Nachschlagewerken und Internetrecherchen ist es heute relativ einfach, die vorgefundenen Pflanzen und Tiere zu bestimmen und mehr Informationen über sie zu erhalten.

Vom Rüsselkäfer angefressene Blätter.

Eine Lupe mit einer zehnfachen Vergrößerung ist für den Garten ausreichend.

Diese Kohlweißling-Eier sind auf der Blattoberfläche leicht auszumachen.

Raupen dagegen tarnen sich, um dem wachsamen Auge des Gärtners zu entgehen.

Beobachtungen aufschreiben

Auch wenn man meinen sollte, man könnte sich nach einem Jahr noch an die Beobachtungen, die Irrtümer, die man nicht wiederholen will, und an die Erfolgserlebnisse des Vorjahres erinnern, habe ich festgestellt, dass dem nicht so ist. Mit den aufgezeichneten Beobachtungen mache ich in der Praxis schneller Fortschritte.

Folgende Informationen notiere ich:

- **Die Standorte für die wichtigsten Gemüse:**
Vom Gemüsegarten mache ich jährlich einen Plan, auf dem ich zumindest die Gemüsearten notiere, die einen Standortwechsel brauchen. Das gilt besonders für Erbsen, Zwiebelgewächse (Knoblauch, Zwiebel usw.) sowie für alle Gemüse aus der Familie der Kreuzblütler (Brassicaceae) wie Kohl, weiße Rüben, Radieschen und Steckrüben.

- **Termine von Aussaat und Ernte:**
Damit kann ich die für das Wachstum notwendigen Tage für jedes Gemüse bestimmen und so den Standortwechsel besser planen.

- **Die aufgetretenen Probleme**
mit den entsprechenden Vorbeuge- und Pflegemaßnahmen: Krankheiten, Schädlinge, wetterbedingte Schäden usw. Ich gebe jedem Problem einen Namen und sammle die Ergebnisse meiner Beobachtungen in meinem Gärtnerheft.

- **Die monatlichen Arbeiten im Garten:**
In den Büchern finden sich häufig „Arbeits-Kalender“ für Gärtner, die jedoch oft unvollständig und wenig auf die örtlichen Bedingungen zugeschnitten sind. Darum führe ich meinen eigenen Gartenkalender und ergänze ihn von Jahr zu Jahr mit allen Informationen, die unsere Pflanzen betreffen. Dadurch ist der Garten inzwischen an unser Mikroklima sowie an meine Praktiken und Vorlieben optimal angepasst.

Das unverzichtbare Heft des Gärtners.

Eine Kreuzspinne hat einen Kohlweißling gefangen – ein schönes Beispiel, wie wichtig die Artenvielfalt im Garten ist!

Die Anbauflächen optimal nutzen

- Kulturen verdichten
- Gärtnern in drei Dimensionen
- Die Fruchtfolge beschleunigen
- Vorrang für essbare Kulturen

Kulturen verdichten

Wer hat nicht schon einmal versucht, seine Kulturen dichter zu pflanzen, um den Platz optimal zu nutzen? Diese übliche Praxis kann schnell zu Misserfolgen führen. Die Verdichtung wird begrenzt durch den Zugang zum Licht, den jede Pflanze braucht, und die Ausbreitung von Krankheiten, die durch allzu dichtes Blattwerk begünstigt wird: Daher muss man seinen Kulturen besondere Aufmerksamkeit widmen.

Dicht pflanzen

Man kann hier mit zwei Parametern spielen: mit dem Abstand innerhalb einer Reihe (d.h. zwischen den Gemüsepflanzen in der gleichen Reihe) und dem Abstand zwischen den Reihen. Wer wenig Platz hat, wird versuchen, die Abstände so weit wie möglich zu verringern. Man muss also für jedes Gemüse das Optimum zwischen großer Produktivität durch höchstmögliche Pflanzendichte und den Nachteilen einer zu starken Verdichtung finden. Dieses Optimum ist nicht immer eindeutig zu bestimmen und erfordert viele Beobachtungen, um klare Tendenzen zu erkennen.
Denn bei einer zu dichten Bepflanzung ist das Risiko groß, dass die Pflanzen verkümmern und dass sich Krankheiten ausbreiten, weil das dichte Blattwerk in der Reihe Staunässe begünstigt.

Die in den Gartenbüchern empfohlenen Abstände für Aussaat und Jungpflanzen sind jedoch viel größer als jene, die ich in meinem Garten erprobt habe. Für große Gemüsegärten mit ausreichendem Platz oder für Gärtner, die nur sehr begrenzt Zeit für die Pflege ihrer Kulturen haben, sind sie sicherlich perfekt. Außerdem entwickelt jede einzeln wachsende Pflanze ein stärkeres Wurzelwerk als in dichter Nachbarschaft zu anderen.

Die in den Büchern angegebenen optimalen Abstände für die Aussaat will ich daher keineswegs infrage stellen. Ich experimentiere lediglich mit dem Ziel einer Verdichtung, ohne Gewissheit auf ein stets gutes Ergebnis!
Im folgenden gebe ich gern einige Ergebnisse meiner Versuche weiter, die Sie überprüfen und an Ihre eigenen Kulturbedingungen anpassen sollten:

- **Für auszusäende Gemüse** teile ich die Abstände, die in den meisten Gartenbüchern angegeben sind, durch 1,5 oder 2 (sowohl innerhalb der Reihe als auch zwischen den Reihen). In der Tabelle habe ich meine erprobten Abstände zusammengestellt:

Gemüse	Abstand in der Reihe	Abstand zwischen den Reihen
Rote Bete	10 cm	15 cm
Weiße Rübe	3 cm	15 cm
Spinat	25 cm	15 cm
Salat	20 cm	25 cm
Kohlrabi	10 cm	15 cm
Zwergerbse	1 cm	30 cm

- **Sind die Abstände zwischen den Pflanzen** einer Reihe zu gering, dünne ich aus, sobald die Pflanzen eine halbwegs essbare Größe erreicht haben. Auf diese Weise kann die benachbarte Pflanze weiterwachsen und der Gärtner sich an jungen wunderbar saftigen Rüben, Karotten oder Rote Beten erfreuen!

- **Für Frühgemüse** aus dem Gewächshaus, wie Weiße Rüben, Spinat und Radieschen wähle ich einen noch geringeren Abstand zwischen den Reihen (häufig weniger als 10 cm statt 15 bis 20 cm), weil die Gemüse sehr jung gegessen werden.

- **Ich pflanze die Reihen oft versetzt** zueinander, um den Platz optimal zu nutzen.

Die beim Auslichten anfallenden kleinen Möhren („Golden Tankard") werden gleich verzehrt.

Im Gewächshaus wird die Beetfläche ganz besonders gut genutzt.

Kulturen mischen

Mischkultur, d.h. der Anbau verschiedenartiger Pflanzen auf einer gemeinsamen Fläche, hilft, das Auftreten von Schädlingen zu begrenzen, die Nützlinge und Bestäuber zu begünstigen oder auch Unkraut zu unterdrücken. Zusätzlich zu diesen Vorteilen erlaubt der gemischte Anbau bei bestimmten Kulturen auch eine weitere Verdichtung. Um den Raum optimal zu nutzen und die Produktivität zu erhöhen, kann man auch mit der Wuchshöhe und dem unterschiedlich schnellen Wachstum verschiedener Gemüsearten spielen. Radieschen mit Karotten gemischt werden vielleicht weniger Ertrag bringen als wenn sie getrennt voneinander gezogen werden, die Gesamternte der kombinierten Kulturen könnte aber durchaus höher ausfallen als jede für sich allein gebracht hätte.

Dieser gelbstielige Mangold und einige Radieschen wachsen zwischen zwei Reihen von Zwergbohnen.

Die in Gartenbüchern meistgenannte Pflanzenkombination ist sicher die der sogenannten „drei Schwestern", gemeint sind Mais, Kürbis und Bohnen. Der Mais wächst in die Höhe und dient als Stütze für die kletternden Bohnen, und der Kürbis, der sich zu ihren Füßen ausbreitet, vervollständigt dieses Duo weil Unkrautwachstum und Wasserverdunstung durch die Bodenbedeckung eingeschränkt werden. Nach dem gleichen Prinzip sind Anpflanzungen von Würzkräutern unter Tomaten und Salat unter Kohl (Brokkoli) möglich.

Ich mache immer wieder Versuche mit weiteren Gesellschaften, manchmal mit Erfolg, manchmal mit enttäuschenden Ergebnissen. Die Ergebnisse schreibe ich Jahr für Jahr auf, um die Termine für die Aussaat und das Umsetzen verschiedener Gemüse-Kombinationen zu verbessern.

Ebenso experimentiere ich mit Kombinationen von Obst und Gemüse: Kirschtomaten am Fuß von Obstbäumen, Pastinaken zwischen den Erdbeeren usw. In meiner Phantasie gibt es nur wenige Beschränkungen; ich prüfe lediglich, ob es erwiesene Unvereinbarkeiten zwischen den betreffenden Arten gibt.

Zwiebeln und Erdbeeren vertragen sich gut miteinander.

Auch diese Mischung von Karotten und Roten Beten, von Hand ausgesät, bringt gute Ergebnisse.

Die Kartoffelpflanzen haben zwischen den Saubohnen zwar wenig Platz, bringen aber dennoch mehr als 1 kg Ertrag je Pflanze.

Die Tomaten wachsen um den Niederstamm-Birnbaum.

Karotten und Radieschen gedeihen unter Tomaten.

Einen angepassten Sorten-Mix wählen

Die Samenlieferanten bieten eine beeindruckende Zahl verschiedener Sorten an mit zum Teil sehr unterschiedlichen Eigenschaften hinsichtlich Ertrag, Höhe, Reifezeit usw. Im Hinblick auf die gewünschte Verdichtung besteht eine wesentliche Aufgabe darin, die dafür am besten geeigneten Sorten herauszufinden; diese Arbeit erfordert Geduld und die Beobachtung der Kulturen über mehrere Vegetationsperioden hinweg.

Beim Kauf von Samen wähle ich nach folgenden Gesichtspunkten aus:

- **Die Geschmacksqualität** der Gemüse bewerte ich in meinen Aufzeichnungen mit einem Farbcode von grün (sehr wohlschmeckend) bis rot (wenig interessant). So finde ich von Jahr zu Jahr bessere Varianten.
- **Der Ertrag:** Hinweise dazu sind oftmals auf der Packung angegeben.
- **Der Reifezeitpunkt** ist ein wichtiges Kriterium, um Wachstum und Ernte über die Gartensaison zu verteilen. Hier passe ich bei den Tomaten besonders auf. Durch Kombination von frühen und späten Sorten gelingt es, die Ernte von Juni bis in den November auszudehnen.

Die Auswahl früher Sorten ermöglicht eine erste Tomatenernte bereits im Juni.

- **Der Platzbedarf:** Dieses Kriterium ist bei den Kohlgemüsen von Bedeutung, denn einige Varianten brauchen viel Fläche im Gemüsegarten. Aus diesem Grund ziehe ich Kohlrabi und Rosenkohl dem Weißkohl, Wirsing und Grünkohl vor, die viel Platz beanspruchen.
- **Um bei der Samenqualität** sicher zu sein, verwende ich nur Saatgut aus biologischem Anbau, das (in Frankreich mit „AB" - Agriculture Biologique - gekennzeichnet) in Deutschland mit dem europäischen Zertifikat für landwirtschaftliche Bioprodukte im Bio-Saatguthandel erhältlich ist.

Diese Auswahlkriterien gelten ebenso für Bäume und Beerensträucher. Für eine bestimmte Pflanzenart können die Erträge je nach Sorte sehr unterschiedlich ausfallen.

Kohlrabi ist ertragreich und braucht wenig Fläche …

… im Gegensatz zum Weißkohl, den ich nur im Winter anbaue, wenn im Gemüsegarten genügend Platz ist.

Dieser immer blühende Brokkoli „Nine Star" (eine Art Blumenkohl) beansprucht (zu) viel Platz, so dass ich ihn schlussendlich entfernt habe.

Kulturen in Gefäßen

Ob Balkon, Terrasse, Parkplatz oder schlechte Bodenqualität: manche Situationen in der Stadt können Gärtner dazu veranlassen, Pflanzen nicht nur im Boden zu kultivieren. Es gibt unzählige Lösungen, im Garten Pflanzgefäße zu nutzen, die zu leicht grünen produktiven Schmuckkästchen werden können.

Der große Nachteil der Topfkultur ist meines Erachtens das schnelle Austrocknen des Substrates. Daher sind die Fähigkeit der Topferde, Wasser zu speichern, die Größe des Gefäßes und die Bewässerungsmethode nicht zu vernachlässigende Parameter, damit die Pflanzen nicht bei der ersten Hitze den Kopf hängen lassen.

Nachfolgend nenne ich einige Beispiele der Gefäße, die wir verwenden:

Töpfe

Ich benutze große Töpfe (mehr als 30 cm Durchmesser), um weniger gießen zu müssen. Sie sind standsicher und können dennoch leicht verschoben werden. Darin kultiviere ich wärmeliebende Pflanzen wie Physalis, Melonen und die ersten Tomaten des Jahres. So kann ich die Pflanzen vor den letzten kalten Nächten schützen und sie vom „Wärmespeicher“ unserer Steinterrasse profitieren lassen; sie liegt günstig und die umgebenden Mauern reflektieren die Wärmestrahlen. Ich achte darauf, dass die Erde immer feucht ist, denn die Tomaten leiden während der warmen Sommertage schnell an Wassermangel.

Die Physalis, die ich jedes Jahr aussäe, gedeiht im Topf auf der geschützten Terrasse besonders gut.

Das Frühbeet wird als offenes Beet genutzt.

Mein selbstgebautes „Strohkistenbeet".

Frühbeet

Das kleine Frühbeet (Bild links oben) habe ich auf der Terrasse nach Süden ausgerichtet und vor Wind geschützt angelegt. Dort kann ich im Winter Kulturen vor Kälte schützen, ab Februar die ersten Frühgemüse pflanzen und es von den ersten warmen Tagen an in ein offenes Beet verwandeln. Da im Frühbeet trotz der vielen Erde nur wenig Wasser gespeichert wird, ist tägliches Gießen erforderlich, was bei längerer Abwesenheit im Sommer schwierig zu organisieren ist. Daher habe ich das Frühbeet unten mit Teichfolie abgedichtet und diese allseits 5 cm hochgezogen, so dass am Boden eine größere Wasserreserve von mehreren 10 Litern verbleibt. (siehe „Hügel-Frühbeet: ein Gewächshaus in Miniatur", Seite 95).

Strohballen

Strohballen lassen sich leicht transportieren, brauchen keine Zugabe von Erde und sind ein interessantes Substrat für den Anbau von Pflanzen. Ich habe schon verschiedene Versuche damit gemacht, wobei z.B. Kirschtomaten besonders gute Ergebnisse gebracht haben. Erbsen hingegen scheinen das Substrat überhaupt nicht zu schätzen.

Stroh allein ist ein kohlenstoffhaltiges Substrat, auf dem Pflanzen nicht wachsen können. Deshalb muss man vor jeder Kultur einen stickstoffreichen Dünger in die Ballen einbringen. Zu diesem Zweck habe ich die Zugabe von handelsüblichem organischen Dünger (Rasendünger) getestet, sowie die Zugabe von Urin; andere stickstoffhaltige Substanzen sind ebenfalls verwendbar (getrocknetes Blut, Hornspäne…). Ich benutze die Ballen ein Jahr lang, zerschneide dann den Bindfaden und nutze das lose Stroh als Mulch im Gemüsegarten oder als Beimischung zum Kompost.

Aussäen und Pflanzen auf Strohballen

Die Vorbereitung eines Strohballens beginnt immer mit einer beträchtlichen Stickstoffzufuhr (mindestens 100 g Stickstoff pro Ballen erscheinen mir nötig), die durch Begießen mit gelöstem Dünger eingebracht wird. Einige Tage später kann dann gesät oder gepflanzt werden, und zwar nach folgenden Methoden:

- **Umsetzen einer Pflanze:**
  Das ist die einfachste Art, auf Strohballen Pflanzen zu kultivieren. Einfach das Stroh beiseite schieben, die Pflanze einsetzen und angießen. Fertig! Mit dieser Methode haben wir gute Ergebnisse bei Tomaten und Kürbissen erzielt.
- **Direkte Aussaat:**
  Dafür ist ein Saatbett nötig, in das die Samenkörner eingebracht werden. Streuen Sie auf das Stroh eine 1 - 2 cm dicke Humusschicht, bringen Sie darin die Samenkörner ein und bedecken Sie sie leicht. So habe ich erfolgreich Wurzelgemüse gezogen und geerntet. Erbsen, die ich auf dieselbe Art gesät habe, brachten dagegen bei uns kein gutes Ergebnis.
- **Einbringen einer Wurzelknolle:**
  Bohren Sie mit einem Pflanzholz ein Loch, legen die Knolle ein und bedecken Sie sie mit ein bisschen Erde.

Kartoffeln und Tomaten auf Strohballen.

Anders als bei den Tomaten war die Kartoffelernte hier enttäuschend: nur 430 g.

Gärtnern in drei Dimensionen

Alle natürlichen Ökosysteme zeigen die Tendenz, in verschiedenen Etagen zu wachsen. Eine Wiese entwickelt sich ohne Eingriff des Menschen zu einem Wald: auf die Krautschicht am Boden folgt eine Strauchschicht, die wiederum von den noch höheren Bäumen überragt wird. So sind die Wälder natürliche, ausgesprochen produktive Ökosysteme. Diesem Vorbild folgend wird der durch Platzmangel eingeschränkte Gärtner also so gut wie möglich versuchen, alle drei Dimensionen seines Gartens zu nutzen.

Mauern

Es gibt nur wenige Gärten in der Stadt, die nicht von wenigstens einer Mauer begrenzt sind. Mauern werden zu selten genutzt, sind manchmal wenig schön und bieten doch eine wunderbare Möglichkeit, auf ganz kleinem Raum Nahrung zu produzieren. Ihre Masse ist von Vorteil, um Wärme zu speichern, während ihre Höhe es bestimmten Arten erlaubt, die Sonnenstrahlen zu erreichen, die am Boden manchmal fehlen. Viele Pflanzenarten können vor einer Mauer angebaut werden, aber alle brauchen eine Stütze, um in die Höhe zu wachsen, mit Ausnahme der Kletterpflanzen mit Haftwurzeln (Efeu, wilder Wein…).

An unserer am häufigsten von der Sonne beschienenen Wand haben wir zwei Weinstöcke gesetzt („Perdin“ und „Katharina“), deren kräftige seitliche Triebe wir an horizontal gespannten Metalldrähten angeheftet haben. An den anderen Mauern in unserem Garten wachsen Brombeeren und Kletterhimbeeren, sowie Äpfel, Birnen und Feigen als Spalierobst.
Noch freie Stellen sind im Sommer mit Tomaten und Gurken bewachsen, die von der Strahlungswärme der Mauer profitieren.

Diese Kirschtomate „Petit Moineau“ (kleiner Spatz) ist eine sehr kräftig wachsende Sorte und besiedelt schnell die Mauer.

Brombeerbüsche ohne Dornen sind sehr ertragreich und die Brombeeren leicht zu ernten.

Die pilzresistente Traubensorte „Perdin" bringt auch nördlich der Loire gute Ergebnisse.

Kletternde Brombeeren und Himbeeren bedecken diese Mauer. Wir konnten trotz der begrenzten Anbaufläche kiloweise rote Früchte ernten.

Dächer, Pergolen und ähnliches

Auf oder an solchen Flächen, d.h. auf Dächern und Pergolen, kann der erfinderische Gärtner manchmal noch etliche Quadratmeter Anbaufläche gewinnen. Allerdings sollte die in Frage kommende Fläche auch für die Ernte erreichbar sein; dies gilt es schon bei der Anlage zu bedenken.

Ich pflanze lieber in den Boden und führe eine Pflanze bis zum Dach, wo sie sich ausbreiten kann (sowohl auf unserem Schuppen als auch auf dem Holzstapel), bevor ich Töpfe auf ein Dach o.ä. stelle, wo das Gießen erschwert ist.

Kürbisse (wuchsfreudige Sorten) sind für diese Kulturform besonders geeignet. Bis sie das Dach erreicht haben, ist ein regelmäßiger Schnitt der unteren Triebe notwendig, so dass nur ein Haupttrieb bleibt, den man an einer Stützkonstruktion oder an einem Seil in die Höhe führt (siehe „Mobile Strukturen“ Seite 77). Alle Nebentriebe werden etwa einmal pro Woche an der Basis entfernt. Wenn das Dach erreicht ist, breiten sich die Kürbisse dort von allein über die ganze Saison hinweg aus.

Auf diese Art kultiviere ich vorzugsweise wuchsfreudige Sorten wie z.B. die Sorten Butternut, Spaghetti, Hokkaido, Muskat-Kürbis „Musquée de Provence“ usw. Kein Kürbis in unserem Garten beansprucht Platz auf dem Boden und lässt so kostbare Quadratmeter für andere Kulturen frei.

Um das Befestigen zu erleichtern und das Wachstum anzuregen, wird nur der Haupttrieb erhalten, bis der Kürbis das Dach erreicht hat.

In dieser hängenden Lage ist der Hokkaido-Kürbis vor Bodenfeuchtigkeit gut geschützt.

An der Pergola wachsen während der Sommersaison zwei Kiwi-Pflanzen, zusammen mit Kürbissen und Stangenbohnen.

Die Ranken können das Gewicht der an ihnen hängenden Kürbisse in der Regel gut halten. Nur einmal, bei einem heftigen herbstlichen Windstoß, ist ein mehr als 15 kg wiegender Kürbis („Longue de Nice“) heruntergefallen.

Stangenbohnen, Kiwis, Tomaten, Kürbisse und Litschi-Tomaten suchen ihren Platz in der Höhe.

Kiwis sind kräftige Kletterer und brauchen ein stabiles und dauerhaftes Gerüst.

Mobile Strukturen: Stangen, Schnüre, pflanzliche Stützen...

Für die Zeit einer bestimmten Kultur oder für eine Saison kann man mitten im Garten auch punktuell Kletterhilfen errichten, um temporär in die Höhe zu wirtschaften, wie das bei Mauern und Dächern schon gezeigt wurde. Sogar mitten im Gemüsegarten lassen sich Pflanzenetagen schaffen, ein Weg kann überdeckt oder ein Beet verschattet werden.
Um senkrechte Stützstrukturen zu errichten, gibt es mehrere Möglichkeiten. Die folgenden benutze ich am häufigsten:

- **Pflanzliche Stützen**
  Ich pflanze jedes Jahr Mais und Sonnenblumen, um daran Stangenbohnen, Gartenmelde und Litschi-Tomaten oder Kirschtomaten klettern zu lassen.

- **Schnur**
  Schnüre verwende ich häufig im Garten; denn sie können vorzüglich aufwendigere Konstruktionen ersetzen, sofern die Schnur in der Höhe irgendwo z.B. an einem Haken oder an Spannseilen befestigt werden kann. Die Schnur sollte natürlich fest genug sein, um das Gemüse über mehrere Jahre hinweg halten zu können. Zuerst befestige ich sie oben und dann mit Hilfe eines kleinen Stocks oder eines Zelterings, den ich in die Erde bohre, auch am Boden. Um die Pflanzen an der Schnur zu befestigen, verwende ich gern Kunststoffbinder (Typ Tomatoclips). Auf diese Art vermeide ich eine Verletzung der Pflanzen, die mit Schnüren leicht entsteht, wenn der Stängel zu eng eingeschnürt wird. An den Schnüren können die Kürbisse bis aufs Dach klettern, die Bohnen an der Stange hochwachsen und die Kirschtomaten bekommen Halt.

Solche Kunststoffbinder sind sehr nützlich, um Pflanzen an einer Schnur oder einem Draht anzuheften.

Das Tipi ist schnell errichtet und sehr stabil.

- **Feste Stützen:**
  Aus Bambus, Kastanien- oder Haselnussstöcken lassen sich zeltartige, mit Schnüren zusammengebundene Konstruktionen (Tipis) oder Gitter errichten. Sie sind leicht zu bauen und bieten guten Halt z.B. für Bohnen und Kirschtomaten.

- **Armierungsgitter:**
  Seit mehreren Jahren verwende ich Armierungsgitter aus dem Baugewerbe, um daran Erbsen und Bohnen wachsen zu lassen. Sie sind viel schneller anzubringen als Netze – die ich im Gebrauch auch weniger praktisch finde. Die Baustahl-Gitter sind ausreichend stabil und müssen nur an den beiden Enden befestigt werden, damit sie aufrecht stehenbleiben.

Gitter aus Armierungsstahl sind auf die Länge der Pflanzenreihen zugeschnitten und jetzt seit mehreren Jahren im Einsatz.

Dieser Hokkaido wächst über den Tomaten, ohne dass die beiden Gemüse sich stören.

Die Fruchtfolge beschleunigen

Das Prinzip ist einfach, die Praxis jedoch viel schwieriger. Wenn mehrere Kulturen schnell aufeinander folgend angebaut werden sollen, sind gute Kenntnisse über die Wachstumszeit einer jeden Pflanze und eine genaue Zeitplanung der Aussaat und des Versetzens notwendig. Gärtner mit eingeschränkter Anbaufläche werden in diese Richtung arbeiten, wenn sie in ihrem Gemüsegarten drei bis vier Kulturen im Jahr großziehen möchten, wo normalerweise nur eine oder zwei aufeinanderfolgende möglich sind.

In Gefäßen starten

Durch frühzeitige Aussaat in Pflanzplatten (oder in andere Gefäße) lässt sich die Kulturfolge im Gemüsegarten zeitlich verkürzen und damit beschleunigen. Sobald eine Kultur ihr Wachstumsziel erreicht hat und abgeerntet ist, können neue Sämlinge gepflanzt werden. Wenn man bedenkt, dass die Keimlinge im allgemeinen 20 bis 30 Tage im Anzuchtbehälter verbringen, bevor sie als Jungpflanzen ausgepflanzt werden und dass in einem Jahr drei Anbauzyklen möglich sind, gewinnt man ungefähr 75 Tage (durchschnittlich 25 Tage für jeden der 3 Anbauzyklen im Jahr), also 2½ Monate Anbauzeit zusätzlich zur normalen Saison!

Meist säe ich folgende Kulturen aus: Kohl, Tomaten, Rote Bete, Rüben, Salat, Spinat, Kürbis, Mais usw.

Die einzigen Gemüse, die ich nicht im Behälter vorziehe, sind Karotten (die ihre Wurzeln dort nicht richtig entwickeln können) sowie Radieschen, Erbsen und Bohnen, für die das Umsetzen lästig wäre. Bei trockenem Boden kommt es dennoch vor, dass ich ganz am Anfang der Saison mit der Aussaat von Erbsen und Saubohnen in Gefäßen beginne. Die Samen gebe ich in Pflanzlöcher und nehme statt der Kulturplatten Töpfe mit 8 cm Durchmesser.

Kulturplatten auswählen

Die Haltbarkeit der weichen Kunststoffplatten, die ich zunächst ausprobiert hatte, war nicht zufriedenstellend. Daher wähle ich jetzt Kulturplatten aus hartem Kunststoff, die in enge, aber tiefe Kammern (3 cm Durchmesser, 4,5 cm Tiefe) unterteilt sind. Durch die geringe Größe brauche ich wenig Humus (ich verwende die übliche Pflanzerde), und ihre Tiefe begünstigt eine gute Bewurzelung der keimenden Pflänzchen.

Wichtig beim Kauf: Der Durchmesser des Ablaufloches unter der Kammer sollte fingergroß sein, um den Ballen später aus dem Topf herausdrücken zu können. Teilweise werden auch aufwendiger hergestellte Pflanzplatten mit herausnehmbaren Töpfchen angeboten, diese sind aber meist teurer und nicht sehr praktisch, weil nur wenige Pflanzballen auf der Platte Platz haben.

Bilder Seite 81

1 und 2: Befüllen der Kammern mit Humus.

3 und 4: Erde leicht andrücken, dann für das Samenkorn ein kleines Loch stechen.

5 und 6: Samen einstreuen, mit Erde bedecken und von unten wässern.

7: Wenn der Humus bis oben durchfeuchtet ist, das überschüssige Wasser abgießen.

8: Diese Winterradieschen sind noch im Keimblatt-Stadium, d.h. zu jung, um versetzt zu werden.

9: Mit dem Zeigefinger sollte man die Kammer von unten durchdrücken können, um das Austopfen zu erleichtern.

1
2
3
4
5
6
7
8
Radis Hiver 17/07
9

Licht: Der wichtigste Wachstumsfaktor

Ich bewahre die eingesäten Pflanzplatten in unserem Schuppenanbau auf, der durch ein Fenster und ein transparentes Dach gut belichtet ist. Trotz der guten Helligkeit kommt es vor, dass manche Pflanzen nur kümmerlich gedeihen. Sobald es das Wetter erlaubt, stelle ich die Pflanzplatten auf unsere Terrasse (in den Schatten ohne starke Hitze), damit die jungen Pflanzen so viel Licht wie möglich erhalten. Nur wenn Nachtfrost angesagt ist, stelle ich sie in den Schuppen zurück.

Im Allgemeinen ist Licht wichtiger als Wärme. Nur die ersten Aussaaten am Ende des Winters von Ende Januar bis Anfang April ziehe ich regelmäßig in der Wärme des Hauses vor, unter einer starken Lampe mit 2 Leuchtstoffröhren (je eine mit 4000 K und 6000 K Farbtemperatur), um die Kürze der Tage zu dieser Jahreszeit und den Lichtmangel im Haus zu kompensieren.

Vorteile der Aussaat in Behältern

- **Verlängerung der Pflanzsaison:** Man kann im Februar mit der Aussaat im Warmen beginnen, wenn eine Aussaat im Freien noch nicht möglich ist.
- **Beschleunigung der Kulturfolgen:** Die Auspflanzung kann just zu dem Zeitpunkt erfolgen, wenn die vorherigen Kulturen ihr Wachstum beendet haben und abgeerntet sind. Auf diese Weise lassen sich jedes Jahr mehrere Wochen Zeit für eine zusätzliche Kultur gewinnen.
- **Kontrolle der Keim- und Wachstumsbedingungen:** Das tägliche Überwachen der Aussaaten an einem gemeinsamen geschützten Platz ist leichter, als wenn sie an verschiedenen Orten im Garten verteilt sind.
- **Die Bekämpfung von Schädlingsbefall** fällt leichter: Schnecken, Raupen ...
- **Verdichtung der Kulturen:** Nur die schönsten Pflanzen werden umgetopft bzw. eingepflanzt; Ballen, in denen nichts gekeimt ist, werden entfernt.
- **Der Mulch kann im Gemüsegarten** bleiben: Die Jungpflanzen können auch durch eine dichte Mulchschicht hindurch ausgepflanzt werden, während eine direkte Aussaat unter diesen Bedingungen sehr schwierig ist.
- **Schneller wachsen als die Unkräuter:** Junge Pflanzen, die im Vierblattstadium verpflanzt werden, haben im Vergleich zu den benachbarten Unkräutern ungefähr einen Monat Wachstumsvorsprung.

Obwohl die Aussaat in Gefäße viele Vorteile hat, muss man auch feststellen, dass diese Technik relativ zeitaufwendig ist. Zur Arbeit der Aussaat kommt das Auspflanzen noch hinzu. Aber die Qualität der erreichten Ernten ist oftmals die Mühe wert.

Selbst an sehr hellen Fenstern ist oft nicht genug Licht, um die Pflanzen gut anwachsen zu lassen.

Wenn es das Wetter erlaubt, stellen Sie Ihre jungen Pflanzen ins Freie

In vollem Licht entwickeln die Pflanzen kurze und gedrungene Stängel wie die jungen Tomaten auf dem Tablett rechts im Bild.

Kulturen im zeitlichen und räumlichen Versatz anbauen

Wie wir bereits gesehen haben, können im Jahr etwa 75 Tage Kulturzeit gewonnen werden, wenn man manche Kulturen zeitlich parallel wachsen lässt. Dabei wird die nachfolgende Gemüseart unter eine bestehende Kultur (oder zwischen zwei Kulturen) gesät oder gepflanzt, wenn diese in naher Zukunft geerntet oder abgeräumt werden soll. Die Keimlinge oder jungen Pflänzchen entwickeln sich so eine Zeitlang parallel unter den bestehenden Pflanzen. Sicherlich leiden die Jungpflanzen etwas unter Platz- und Lichtmangel, aber sie beginnen, ein Wurzelwerk zu entwickeln, und sobald die Vorgänger-Pflanzen geerntet sind, steht den jungen Pflanzen der ganze für sie notwendige Platz zur Verfügung.

Diese Technik wende ich z.B. Mitte September gegen Ende der Saison an. Dann pflanze ich Asia-Gemüse (siehe Seite 104) unter Tomaten aus, die ihre letzten Früchte tragen. Die Tomatenstöcke werden im Laufe des Oktobers am Boden abgeschnitten, um das Erdreich nicht zu stören, und schaffen so Platz für das Gemüse. Auf gleiche Weise pflanze ich zum Saisonbeginn die Tomatenpflanzen zwischen die Frühkarotten aus, die einige Wochen später verzehrt werden.

Kulturen im zeitlichen Versatz anzubauen macht nur Sinn, wenn durch die Ernte der reifen Pflanzen die Erde nicht aufgewühlt und das Wachstum der jungen Nachbarpflanzen dadurch nicht beeinträchtigt wird (wie z.B. bei der Ernte von Knollen bzw. Kartoffeln).

Die Tomatenpflanze wird zwischen die Karotten und Radieschen gepflanzt, die einige Wochen vorher ausgesät wurden.

Beispiel für eine zeitlich überschneidende Kulturfolge in unserem Gewächshaus

Anfang Februar: Aussaat erster Frühgemüse (Karotten, Rüben, Spinat).

Anfang April: Auspflanzen der ersten Frühtomaten zwischen die Frühgemüse, die weiter wachsen.

Im Laufe von April / Mai: Ernte der Frühgemüse, die im Februar ausgesät wurden.

Mitte Mai: Auspflanzen aller Tomaten, auch der späten Sorten. Häufig können die Frühkarotten noch nicht geerntet werden. Deshalb werden die Tomaten mitten zwischen die Karotten gepflanzt.

September: Auspflanzen von Asia-Gemüse (siehe S. 104), Spinat, Endivien…, die den Winter über im Garten bleiben, zwischen die stehengebliebenen Tomaten.

Oktober: Tomatenstöcke abschneiden und Platz schaffen für die im September gepflanzten Gemüse.

Januar / Februar: Ernte des Asia-Gemüses, später dann auch des Spinats und der Endivien…

Februar: Abräumen des Asia-Gemüses, gleichzeitig Vorziehen und Aussaat von Frühgemüse etc.

Die jungen Karotten werden geerntet, wenn die Tomaten anfangen, Schatten zu werfen.

Diese vorgezogene Brokkolipflanze wird zwischen Erbsenreihen gesetzt, die bald geerntet werden.

Wurzelgemüse beizeiten ernten

Beizeiten zu ernten heißt für mich, reife Wurzelgemüse nicht in der Erde zu lassen, weil die verfügbare Bodenfläche zu bestimmten Jahreszeiten sehr kostbar ist.
Zwei Kulturen schnell aufeinander folgen zu lassen, ist in der Hauptsaison sinnvoll, wenn der Gemüsegarten dicht bepflanzt ist. Daher verfahre ich so von Juli bis September, lasse aber im Winter die Steckrüben, Pastinaken und Rote Beten im Boden.

Wenn das gesamte reife Gemüse geerntet ist, geht es an die Konservierung. In Erwartung des Winters verarbeiten wir Karotten, Rote Bete, Rüben, Steckrüben in Einmachgläsern. Bei geringen Mengen benutzen wir den Schnellkochtopf, bei sehr großen Mengen verwenden wir einen Sterilisiertopf. Daneben erproben wir auch andere Konservierungsmethoden wie Einfrieren, Trocknen oder die Milchsäuregärung.

Als Vorrat für den Winter und das Frühjahr kochen wir jedes Jahr gut 50 Gläser Gemüse ein.

Vorrang für essbare Kulturen

Im Grunde sind sehr viele Pflanzen essbar: Beeren, diverse Blattpflanzen, (Un-)Kräuter, manche Blumen und mehrjährige Gemüsestauden usw. Es entspricht den Prinzipien der Permakultur, dass die Pflanzen den Garten nicht nur schmücken, sondern auch bienenfreundlich und essbar sein sollten; d.h. jedes Element sollte mehrere Funktionen erfüllen (siehe Seite 29). Unter diesem Aspekt baue ich vorwiegend Pflanzen an, die essbar sind.

Andenbeeren haben einen bemerkenswert guten Geschmack.

Sträuchergruppen mit kleinen Früchten

Bei unserem Einzug in das Haus fanden wir eine Reihe von Hortensien- und Forsythien-Sträuchern vor. Diese haben wir vollständig durch Beerensträucher ersetzt. Während der Blüte und wenn ihre kleinen Früchte reifen, sind einige dieser Sträucher auch optisch sehr reizvoll, z.B. Aronia, Heidelbeere, Maibeere.
Insgesamt haben wir jetzt mehr als 25 Obstpflanzen in unserem Garten. Natürlich ist der Ertrag jedes dieser Sträucher relativ bescheiden (manche sind ja auch erst frisch gepflanzt), aber die große Vielfalt schürt unsere Neugier und erfreut unseren Gaumen.

In der freien Natur wachsen die Sträucher mit kleinen Früchten häufig im Unterholz oder am Waldrand. Also habe ich sie an die schattigsten Stellen des Gartens gepflanzt, wo die Gemüse zu wenig Sonne bekämen. Darunter setze ich häufig noch niedrigwachsende Pflanzen wie Erdbeeren, Spinat oder Kapuzinerkresse.

Apfelbeeren (Aronia) wachsen an einem schönen Strauch. Ich verwende die Beeren zum Kuchen oder für Chutney.

Die Früchte in unserem Garten

Preiselbeere; Aronia; Jostabeere;
Schwarze Johannisbeere; Cranberry;
Feige 'Dalmatia'; Erdbeere;
Kletter- und Stockhimbeere;
Goji-Beere; Stachelbeere;
rote und weiße Johannisbeere;
Kiwi (2); Litschi-Tomate;
Kletternde Brombeere;
Heidelbeere;
Andenbeere; violette Physalis;
'Conférence'-Birne als Spindelbaum;
Elstar und Reinette-Apfel als Spalierbaum
und Cox orange als Spindelbaum;
Rhabarber; Holunder;
die Reben Katharina, Blauer Muskat und
Perdin (eine pilzresistente Züchtung, die
auch in rauerem Klima reift).

Essbare Blumen (Blüten)

Auch wenn sie nicht nennenswert zur Nahrung beitragen, können essbare Blüten Teller und Salate verzieren oder auch Pfannengerichte ergänzen. Bei den unkonventionellen essbaren Pflanzen ist eine gewisse Vorsicht angebracht: man sollte sich vor dem Verzehr hinsichtlich ihrer Genießbarkeit kundig machen. Essen mit Verstand ist auf jeden Fall eine Sicherheitsgarantie.

Wir haben im Garten Kapuzinerkresse, Stockrosen, Beinwell, Taglilien und auch Borretsch gesät. Alle diese Pflanzen sind in Teilen essbar (Blüte oder Blatt). Häufig ergänzen wir eine Spinatpfanne mit einer Blattmischung aus dem Garten oder wir stellen Aufstriche her, die auf geröstetem Brot und dekoriert mit einigen Blüten unsere Gäste neugierig machen.

Mehrjährige Gemüse

Mehrjährige Gemüse sind vorteilhaft, weil sie jedes Jahr wieder austreiben, regelmäßige Ernten garantieren und nur eine minimale Pflege brauchen. Leider bringen die meisten Pflanzen nur wenig Ertrag, obwohl einige recht produktiv sind (wie z.B. die Kohlsorte 'Daubenton'). Sie sollten zusammen mit einjährigem Gemüse angebaut werden, um die Selbstversorgung sicherzustellen.
Es gibt einige wirklich ausdauernde Gemüsearten, deren Blätter im Winter verwelken, deren Stunk aber nach den ersten schönen Tagen wieder austreibt. Andere vermehren sich über ihre Zwiebeln oder auch durch spontane Aussaat, da ihre Samenkörner auf den Boden fallen und im folgenden Frühjahr von selbst keimen.

Hauptvorteile dieser Kulturen sind für mich ihre Anspruchslosigkeit und ihre unkomplizierte Pflege. Es erfordert keine Mühe, den Boden vorzubereiten, zu säen oder auszupflanzen! Einmal angepflanzt bleibt das Gemüse für mehrere Jahre an seinem Platz. Darum sollte man den Platz sorgfältig auswählen und bedenken, dass diese Gemüse nicht in die jährliche Kulturfolge eingereiht werden können. Wir pflanzen die ausdauernden Gemüse am Rand des Gemüsegartens, um ihre Bewirtschaftung zu vereinfachen.

Vesperteller, geschmückt mit Borretsch- und Stockrosenblüten.

Essbare Stauden im Garten

- Gartenmelde *(Atriplex hortensins)*
- Brokkoli 'Nine Star' *(Brassica oleracea)*
- Kohl Daubenton *(Brassica oleracea var. Ramosa)*
- Japanknolle *(Stachys affinis)*
- Erdbeerspinat *(Blitum capitatum)*
- Gartenampfer *(Rumex patientia)*
- Erdbirne *(Apios tuberosa)*
- Liebstöckel /Maggikraut *(Levisticum officinalis)*
- Knolliger Sauerklee *(Oxalis tuberosa)*
- Etagenzwiebel *(Allium cepa var. proliferum)*
- Austernpflanze *(Mertensia maritima)*
- Ackerlauch *(Allium ampeloprasum)*
- Meerrettich *(Armoracia lapathifolia)*
- Erdmandel *(Cyperus esculentus)*

Die Wurzeln der Erdbirne (Apios tuberosa) sind essbar...
... und ihre Blüten sind besonders schön.

Mit Stumpf und Stiel: Pflanzengrün und Schalen sind essbar

Die Zubereitung und der Verzehr von Pflanzen verdienen mehr Phantasie als die eigentliche Produktion, wenn man die optimale Ausnutzung der Ressourcen im Sinne der Permakultur erreichen will.

Vom Frühgemüse verzehren wir vor allem das Grüne von Radieschen, Rüben und jungen Karotten. Schön frisch, noch zart und von Schädlingen verschont, bieten die grünen Pflanzenteile im März, April und Mai eine gute Grundzutat für zahlreiche Salat-Gerichte. Als Zwischenkultur säe ich sogar Rüben mit dem einzigen Ziel, deren Blätter zu essen, ohne die Entwicklung der Wurzel abzuwarten. Die „Tarte aux fanes", eine Art Tarte oder Quiche aus Gemüseblättern, ist bei uns ein Klassiker unter den Frühlingsgerichten!

Die Schalen von Äpfeln, Birnen und Quitten werden tiefgefroren, um daraus Fruchtgelee bzw. besser gesagt, Schalen-Konfiture zu machen. So müssen wir nicht die ganzen Früchte verwenden, deren wertvolles Fruchtfleisch beim Filtrieren verloren gehen würde.

Als kurze Zwischenkultur säe ich Radieschen oder Rüben mit dem einzigen Ziel, die Blätter zu verwenden.

Das ganze Jahr hindurch Gemüse ernten

- Produktionsunterbrechungen vermeiden
- Frühzeitig im Frühjahr pflanzen
- Die Saison in den Herbst und den Winter hinein verlängern

Produktionsunterbrechungen vermeiden

Wachstumszeiträume verlängern

Gewöhnlich wird ein Garten hierzulande von März bis September bewirtschaftet. Sehr viel seltener sät man im Januar, um im April zu ernten oder pikiert Pflanzen im November, um sie im Februar zu ernten und zu verbrauchen.
In einem kleinen Garten ist es besonders wichtig, die Gartensaison auszudehnen und sich um die Winterkulturen zu kümmern, wenn man den Jahresbedarf an Gemüse decken und schon im frühen Frühjahr etwas ernten will. Denn das Frühjahr ist für Gärtner, die sich mit Gemüse selbst versorgen wollen, die kritischste Zeit. Dann ist im allgemeinen das gelagerte Gemüse, das im Winter verzehrt wurde, aufgebraucht (Lauch, Karotten, Steckrüben, Kürbisse ...), und die ersten Frühgemüse können noch nicht geerntet werden.

Steigt die Temperatur über 0°C, richtet sich der gefrorene Kohl wieder auf.

Gärtner in der Stadt, die mit wenig Fläche auskommen müssen, werden also versuchen, die Kulturzeit auszudehnen, um ihre Gartenfläche optimal zu nutzen. Zum Beispiel können sie eine Frühgemüsekultur auf einem Beet aussäen, das einige Monate später dann die Sommergemüse aufnimmt. Diese Art der Saisonverlängerung erfordert eine präzise Planung der Kulturen und auch die Berücksichtigung der lokalen klimatischen Bedingungen, die nicht überall günstig und manchmal sogar schwierig sind.

Im Winter kultivieren

Die niedrigen Temperaturen sowie der Lichtmangel mitten im Winter begrenzen die Wachstumsmöglichkeiten der Kulturen. Bei weniger als 10 Lichtstunden pro Tag reicht die Lichtenergie für die Fotosynthese und das Wachstum der Pflanzen kaum aus, das sich entsprechend stark verlangsamt. In der Region von Rouen z.B. dauert die Periode mit weniger als 10 Stunden Licht pro Tag vom 28. Oktober bis zum 23. Februar, das sind 3½ Monate, in denen das Gemüse kaum wächst. In Deutschland sind die Verhältnisse südlich von Frankfurt ganz ähnlich, nördlich davon ist die „dunkle" Jahreszeit tendenziell etwas länger.

Die Hauptaufgabe des Kultivierens im Winter ist der Umgang mit diesen Hemmnissen. Um den Winter zu überstehen und eine Ernte zu Beginn des Frühjahrs zu ermöglichen, müssen die Pflanzen eine Mindestgröße erreicht haben, bevor das Tageslicht das 10 Stunden-Limit unterschreitet. Daher muss die Aussaat im Herbst frühzeitig und sorgfältig geplant werden.

In diesem Zusammenhang erleichtern abgedeckte Kulturflächen (Gewächshäuser, Folientunnel, Frühbeete) die Arbeit der Gärtner. Sie bieten den Kulturen einigermaßen Schutz gegen Kälte und Wind, begrenzen die Schäden durch Tiere (insbesondere Katzen und Vögel) und verhindern die Verdichtung des Bodens. Und der Gewächshauseffekt, d.h. die höhere Luft- und Erdtemperatur, bewirkt im übrigen die wichtige und erwünschte Ernteverfrühung.

Das Hügel-Frühbeet: ein Mini-Gewächshaus

Dieser selbst gebaute Kasten über einer Art Hügelbeet wird im Sommer als offenes Beet bewirtschaftet, im Rest des Jahres ist er mit Glas abgedeckt. Dadurch können wir bereits im Winter auf unserer Terrasse Blattgemüse und Asia-Gemüse anbauen, ab Februar Radieschen und Frühsalate, später dann und den ganzen Sommer hindurch eine Mischung aus Blumen, Bohnen und Kirschtomaten.

An dem sonnigen Platz auf der Terrasse kombiniert das Hügel-Frühbeet (wie ich es nenne) die Vorteile des Frühbeets (frühe Kulturen und Schutz der jungen Pflanzen) mit denen des Hügelbeets (Vorrat an organischem Material, schnelles Erwärmen der Erde...). Aus einfachen Brettern und einem alten Doppelfenster habe ich es passend zu unseren baulichen Gegebenheiten zusammengeschraubt. Eine Folie an der Rückwand verhindert, dass die Hauswand feucht wird, und zwei seitliche Öffnungen mit Scharnieren erleichtern die Belüftung. Der Frühbeetkasten auf der Terrasse wird mit angerotteten Ästen aus dem benachbarten Wald, mit Hobelspänen und diversen Grünabfällen gefüllt, und das Ganze schließlich mit einer Schicht Kompost überdeckt.

Die Neigung der Glasscheibe von 30° erlaubt einen optimalen Lichteinfall und erleichtert das Abfließen des Regenwassers.

Im Frühjahr zeitig beginnen

Wer die Kultursaison frühzeitig beginnt, kann auch frühzeitig die ersten Frühgemüse genießen (Radieschen, Karotten, Spinat, Rüben...). Dadurch lässt sich die Ernte der Sommergemüse vorverlegen, so dass schon Ende August oder im September der Platz für das Wintergemüse frei wird (siehe Seite 101).

So lässt sich die Zahl der Kulturwechsel auf dem selben Beet steigern. Sogar bei Pflanzen mit langer Kulturzeit wie z.B. Tomaten kann man Kulturen für die Zeit „vor der Tomate" und „nach der Tomate" finden und so drei Kulturen im Jahr unterbringen.

Vorzeitige Aussaat

Bei den vorzeitigen Aussaaten muss man die Licht- und Wärmebedürfnisse der Gemüsearten sorgfältig beachten. Jedes Gemüse hat z.B. eine Mindest-Keimtemperatur, die für das Wachstum nötig ist. Das Aufkeimen von Tomaten braucht z.B. eine Temperatur von 20°C, während die Rübe mit 4 – 5°C zufrieden ist!

Zu bedenken ist auch, dass eine um einen Monat frühere Aussaat nicht zu einer um einen Monat früheren Ernte führt. Die ersten Saaten müssen sich im Allgemeinen mit kalter Erde, niedrigen Temperaturen und relativ kurzen Tagen abfinden.

Diese Faktoren begrenzen das Wachstum der Pflanzen beträchtlich. Gewöhnlich erledige ich meine ersten Aussaaten im Februar und säe nur kleine Mengen, um eventuelle Frostschäden gering zu halten.

Meine ersten Aussaaten sind folgende:

- Die ersten frühen Tomaten, Auberginen, Physalis etc. ziehe ich **im warmen Haus** vor. Ich stelle die Aussaaten an ein Südfenster und unter eine Leuchtstofflampe, da das natürliche Lichtangebot allein nur ein kümmerliches Wachstum der Pflanzen ermöglichen würde.
  Die jungen Pflanzen bleiben bis Anfang April im Warmen, bevor sie an geschützte Stellen ausgepflanzt werden – auf die Terrasse oder in das Gewächshaus. Da die Pflanzen mehrere Wochen bei Zimmertemperatur wachsen, muss man sie bei dieser Methode zwischendurch verpflanzen. Bei Tomaten, die Anfang Februar gesät werden, ist dies sogar zweimal nötig, was im übrigen die Bewurzelung begünstigt und der Kräftigung der kleinen Pflanzen dient.

Mit zwei Leuchtstoffröhren (Farbtemperatur 4000 und 6000 Kelvin) ist es auch drinnen hell genug, um im Februar mit der Aussaat zu beginnen.

Kohl und Tomaten mögen es, zwischendurch umgepflanzt zu werden.

Setzen Sie den Stängel bis zu den ersten Blättern in die Erde, damit sich die Wurzeln entwickeln.

Gießen Sie an, bis das Wasser unten herausläuft.

Denken Sie daran, unter dem Schutzvlies häufig zu lüften, denn die hohe Luftfeuchtigkeit darunter begünstigt Krankheiten.

- **Im Gewächshaus** säe ich Rüben, Radieschen, Salate und frühe Karotten aus. Im Februar ist das Gewächshaus im Allgemeinen gefüllt mit Gemüsen, die im Garten überwintert haben (vor allem Asia-Gemüse). Um die Frühgemüse säen zu können, räume ich die alten Kulturen ab. Der Vorteil des Gewächshauses ist nicht nur das wärmere Kleinklima, sondern auch der Schutz der Erde vor winterlichen Niederschlägen. So muss der Boden für die Aussaat nicht mehr trocknen.
Die im Februar gesäten Radieschen und Rüben werden geerntet, bevor die Tomaten gepflanzt werden. Nicht so die Karotten, die bleiben noch einige Wochen zusammen mit den frisch ausgepflanzten Tomaten stehen. Diese zeitliche Überschneidung erschwert zwar das Versetzen der Tomaten, erlaubt aber einen zusätzlichen Fruchtwechsel („Kulturfolge") (siehe Seite 85).

- **Im Freien** säe ich Saubohnen und runde Erbsen. Für die Saaten im Freien im Februar wird der Boden nicht bearbeitet, weil die Erde noch zu fest ist. Ich entferne nur den Mulch, damit der Boden sich erwärmen kann und die Körner keimen können, sobald die Temperaturen es erlauben. In dieser Zeit decke ich alle Saatreihen mit einem Folientunnel oder einem Schutzvlies ab.

Das Gewächshaus

Einerseits schützt das Gewächshaus die Tomaten im Sommer, andererseits kann ich im Winter unter spürbar angenehmeren Bedingungen arbeiten. Hier ist die Erde niemals aufgeweicht, was die Schäden durch Schnecken begrenzt, und die Temperaturen steigen schon bei wenig Sonne merklich an. Dagegen liegen die nächtlichen Temperaturen nahe bei der Außentemperatur, was sich mit einem Minimum-Maximum-Thermometer leicht kontrollieren lässt.

Im Gewächshaus kann ich die jungen Pflanzen in den kältesten Nächten (unter -3°C) mit einem leichten Schutzvlies (17 g/m² Gewicht) leicht zusätzlich schützen. Da das Vlies trocken bleibt, lässt es sich gut handhaben, und weil kein Wind hereinbläst, muss ich es nicht befestigen. So kann ich das Vlies morgens leicht und schnell entfernen, damit den Kulturen tagsüber das volle Tageslicht zur Verfügung steht (dieses leichte Schutzvlies hat eine Lichtdurchlässigkeit von etwa 85%).

Gegossen wird nach Bedarf von Hand. Eine automatisierte Bewässerung würde Zeit ersparen, aber beim Bewässern mit der Gießkanne kann ich die Pflanzen gleichzeitig regelmäßig überwachen.

Das Schutzvlies als doppelter Schutz im Gewächshaus ist sehr wirksam. Die nächtliche Temperatur unter dem Vlies ist um 2°C höher als im Gewächshaus.

Auspflanzen ins Freie

Ungefähr einen Monat nach der Aussaat (etwas länger bei Sommergemüsen, die im Februar gesät wurden) werden die im Haus gekeimten und vorgezogenen Pflänzchen ausgepflanzt. Um sie an die Außentemperatur zu gewöhnen, stellt man die Saatplatten tagsüber ins Freie, bevor man die Pflanzen einige Tage später umpflanzt.

Damit sich die Erde erwärmen kann, entferne ich ab Mitte Februar die Mulchdecke auf den Beeten, auf denen ich die ersten Gemüsepflanzen ausbringen will. Manchmal schichte ich noch eine dünne Lage schwarzen Kompost auf das Beet. Sie setzt die Sonnenstrahlen besonders wirkungsvoll in Wärme um.
Die Neuauspflanzung schütze ich generell mit einem leichten Schutzvlies, welches eine frühere Ernte begünstigt.

Akklimatisieren Sie Ihre Pflanzen einige Tage vor dem Auspflanzen und vermeiden Sie volle Sonneneinstrahlung während der heißesten Stunden.

Dieses leichte lichtdurchlässige Kunststoffvlies (Gewicht 17 g/m^2) erleichtert das Anwurzeln der jungen Pflanzen und schützt vor Katzen und Vögeln.

Das Gartenjahr in den Herbst und Winter verlängern

Die Aussaat im Herbst ist interessant, um die Ernte der ersten Frühgemüse im Frühjahr um einige Wochen vorzuverlegen. Natürlich brauchen die jungen Pflänzchen, die den Winter im Garten verbringen, eine besondere Aufmerksamkeit; umso größer ist das Vergnügen, ab Februar oder März die ersten Blattgemüse zu genießen und im April die ersten Karotten!

Der winterliche Gemüsegarten enthält sowohl (echtes) Wintergemüse (z.B. Kohl, Lauch, Pastinaken, Steckrüben…) als auch junges Gemüse (Saubohnen, Karotten, Erbsen usw.), die im Frühjahr dann mit großer Kraft anwachsen.

Rechtzeitiges Aussäen am Ende des Sommers bzw. Herbstes

Die Aussaat im Herbst erfordert eine gute Planung im Gemüsegarten, damit im September genügend Beete für das Auspflanzen zur Verfügung stehen. Das ist nicht immer einfach. Im September sind Kürbisse und Tomaten ausgereift; es gibt aber noch viele Wurzelgemüse im Gemüsegarten, und auch die Bohnen möchten z.B. noch bleiben. Oftmals ist in dieser Zeit der Gemüsegarten am dichtesten bepflanzt. Darum ist es umso wichtiger, mit manchen Kulturen schon sehr frühzeitig im Frühjahr zu beginnen, damit Ende August genügend Beetfläche zur Verfügung steht.

Der beste Zeitpunkt für die Aussaat

Es ist nicht einfach, den richtigen Zeitpunkt für die Aussaat der jungen Gemüse zu finden, die im Winter im Garten bleiben. Bei zu früher Aussaat entwickeln sich die Pflanzen vor der ersten Kälte zu stark und sind dann weniger resistent gegen den kommenden Frost (generell: je jünger die Pflanzen sind, desto widerstandsfähiger sind sie gegen Kälte). Bei zu später Aussaat haben die Samen vor dem Wintereinbruch wenig Zeit zu keimen, das Frühgemüse kann dann möglicherweise erst spät im folgenden Frühling geerntet werden.

Es bedarf also vieler Versuche, um den idealen Zeitpunkt für die Aussaat zu finden, damit die Gemüse genügend Zeit haben, um sich vor dem Winter ausreichend zu entwickeln und dabei eine gute Kälteresistenz zu bewahren.

Der genaue Zeitpunkt wird immer ein Annäherungswert bleiben, da der Gärtner die Wetterbedingungen des kommenden Herbstes nicht vorhersehen kann.

Obwohl der Gemüsegarten im September gut gefüllt ist, sollte in dieser Zeit schon an die Aussaat der Frühjahrsgemüse gedacht werden.

Man muss aber auch in Betracht ziehen, dass in dieser Jahreszeit die Tage kürzer werden und die Temperaturen sinken, was die Zeit zum Keimen und Wachsen stark verzögert (bis zu dreimal so lange wie gewohnt). Von Anfang November bis Mitte Februar ist das Wachstum der Gemüse sehr verlangsamt oder kommt fast zum Stillstand. Die genaue Ermittlung des Aussaatzeitpunktes ist also entscheidend für die Entwicklung der Herbstkulturen, noch viel mehr als im Frühling.

Verschiedene Asia-Gemüse im Gewächshaus.

Einige Beispiele...

Ich selbst säe die meisten **Wintergemüse** im Laufe des Septembers. Das gilt vor allem für Blattgemüse, wie Asia-Gemüse, Wintersalat und Spinat.

Karotten werden Ende August gesät, während die **Saubohnen** erst Ende Oktober oder sogar Anfang November in den Boden kommen, damit sie vor dem Winter nicht zu schnell wachsen und man sie im Folientunnel wegen ihrer Größe nicht mehr schützen kann.

Die Winterkulturen brauchen zusätzlich zu der sorgfältigen Planung eine regelmäßige Überwachung: Kampf gegen die Schnecken, Entfernen kranker und welker Blätter, Schutz vor Kälte und Regulierung der Feuchtigkeit... Die Wintergemüse müssen umsorgt werden, auch wenn Gärtner manchmal wenig Lust haben, ihre Nase aus dem Haus zu strecken...

Die Anfang November gesäten Saubohnen reifen im folgenden Frühling frühzeitig.

Pak Choi Shanghai (oben) und Senf Yukina Savoy: zwei köstliche asiatische Blattgemüse.

Blätter und Stängel des Winterportulaks können als Salat gegessen werden.

Im Herbst ausgesätes Gemüse

Es gibt ziemlich viele Gemüsearten, die den Winter vertragen. Sie dürfen nicht frostempfindlich sein, um auch mehrere Tage andauernde Minustemperaturen zu überstehen.

Dies sind die Klassiker: Spinat, Karotten, Feldsalat, Mangold, Saubohnen, verschiedene Kohlsorten, aber auch weniger bekannte Gemüse wie Postelein, verschiedene Chicoreesorten sowie Zuckerhut und zahlreiche Asia-Gemüse.
Letztere sind meist aus der Familie der Brassicaceen (Kohlgewächse) wie Kohl, Radieschen oder Rüben. Sie produzieren schöne Blätter, die roh, gedämpft oder geschmort werden können, wie man es häufig in der traditionellen asiatischen Küche macht. Pac Choi, Kohl Pe-tsai (Mini-Chinakohl), Mizuna, Yukina Savoy (der in den Katalogen manchmal Japansenf genannt wird) – es gibt zahlreiche Sorten, die im Gemüsegarten ausprobiert werden können. Sie wachsen extrem schnell und sind besonders kälteresistent. Bei uns haben sie, mit einem Vlies geschützt, Frost bis -7°C vertragen.

Asia-Gemüse

Als Asia-Salate oder -Gemüse werden Blattgemüse aus dem Fernen Osten bezeichnet, die bei uns noch recht wenig bekannt sind. Ein Großteil der Asia-Salate und –Gemüse stammt aus der Familie der Kohlgewächse, von denen auch die Knospen und jungen Blüten essbar sind.
Asia-Salate wachsen sehr schnell, brauchen wenig Platz im Beet und ihre Ansprüche an Nährstoffversorgung und Pflege sind gering. Man kann mehrmals im Jahr aussäen und so immer frischen Salat ernten.
In kräftiger Erde gedeihen die meisten Asia-Salate und -Gemüse problemlos, in einem Beet ebenso wie in großen Töpfen auf dem Balkon oder der Terrasse. Schutznetze verhindern den Schädlingsbefall zum Beispiel durch Erdflöhe (durch Standortwechsel kann Kohlhernie verhindert werden).

Der Gemüsegarten ganz zu Beginn des Frühlings. Dank der Folientunnel haben die im Herbst gesäten Gemüse (auf dem Foto Saubohnen und Kohl) den Winter überlebt.

Chou Brocoli
Violet 25/07

Zum Schluss

In kleinen städtischen Gärten ist es ein erstrebenswertes Ziel, erhöhte Fruchtbarkeit, gute Widerstandsfähigkeit der Pflanzen und Vielfalt in Hülle und Fülle in Einklang zu bringen. Gärtner können ihre Ernteergebnisse spürbar steigern, wenn sie das Ökosystem ihres Gartens verbessern, Techniken zur optimalen Bodenbewirtschaftung einsetzen und ihren Saatkalender optimieren.
Besonders aber durch die große Artenvielfalt und durch wirkungsvolle manuelle Pflegetechniken glaube ich, dass wir es schaffen können, einen Teil der (früher üblichen) Nahrungsmittelproduktion vor Ort wieder in unsere Gärten zu holen und dadurch unser unmittelbares Lebensumfeld merklich zu verbessern. Durch Kombination und Optimierung der in diesem Buch beschriebenen Techniken sollte es möglich sein, auf einer Gartenfläche von 20 - 25 m^2 in guter Lage so viel anzubauen, dass sich eine Person mit Gemüse völlig selbst versorgen kann. Mich begeistert diese Hypothese umso mehr, weil die Realisierung eines kleinen, fruchtbaren Gartens auch für solche Menschen möglich wird, die nicht so viel Zeit und Energie dafür einsetzen möchten. Was für ein Vergnügen bereitet es, seine ersten Ernten zu teilen, den eigenen Sinn für Naturbeobachtungen zu schärfen, erntefrisches Gemüse zu genießen oder sich täglich in seinen kleinen, essbaren Garten zu begeben! Gärten im städtischen Umfeld zu kultivieren ist ein aufregendes Zukunftsprojekt, um die Methoden der Permakultur zu vertiefen und verfeinerte Anbautechniken zu entwickeln. Darüber hinaus regt dies unsere Fähigkeit an, Beziehungen herzustellen und soziale Kontakte zu schaffen. Ich vermute, dass wir bei diesem Thema erst am Anfang stehen – neue Studien sind nötig, um das Potenzial besser auszuloten und weiter auszubauen. Also: lasst uns experimentieren, lasst uns austauschen, lasst uns teilen, lasst uns säen!

Ich hoffe, dass die in diesem Buch vorgestellten Erfahrungen zum Mitmachen anregen, denn gemeinschaftlich wollen wir unsere Städte grün, essbar und nachhaltig gestalten.

Bezugsquellen für Saatgut und Pflanzen

www.bio-saatgut.de
Bio-Saatgut sowie alte und vergessene Gemüsesorten, Direktversand samenfester ökologischer Saaten

www.bingenheimersaatgut.de
Bio-Samen: ökologisches Saatgut für Acker, Gewächshaus, Garten oder Balkonkasten

www.biogartenversand.de/
Biosaatgut mit laufend geprüfter Keimfähigkeit

https://www.biogartenladen.de/
große Auswahl an Bio-Saatgut samenfester Sorten in Demeter- und EU-BIO-Qualität.

https://www.biogartenbedarf.de
Bio-Saatgut alter Kultursorten und interessanter Neuzüchtungen für anspruchsvolle Gärtner.

www.dreschflegel-saatgut.de
Biologisches Saatgut aus langjähriger Sortenentwicklung für Garten und Selbstversorgung

https://samenfest.de
Pflanzensamen und Bio Saatgut Onlineshop. Samenfeste Samen in Bio Qualität

https://shop.beetfreunde.de/
über 410 Sorten Bio-Saatgut von Bingenheimer Saatgut, Reinsaat, Sativa, De Bolster und Sperli.

www.sativa.bio
Bio-Saatgut, u.a. neue Sativa-Züchtungen bei Kohlrabi, Sellerie, Möhren und Zwiebeln

www.Baldur-Garten.de
bodenständige Sorten Samen und Pflanzen

www.poetschke.de
Gemüse Aussaat vom Garten-Profi

https://www.as-garten.de
Gemüsepflanzen auch für kleine Gärten

www.baumschule-horstmann.de/
Großes, schönes Pflanzensortiment auch für den Nutzgarten

Weiterführende Literatur

Einführung in die Welt der Permakultur von Gudrun Berger. Erste Schritte zum Selbstversorger, das Handbuch für Einsteiger. Ganz einfach das Grundverständnis der Permakultur erlernen. Permakultur ist eine Lebenseinstellung und eine Methode, die den Garten bunter werden lässt und zukunftsfähige Lebensräume schafft. Bücherglück Verlag

Permakultur auf dem Balkon von Ulrike Windsperger. Mit dem Prinzip der Permakultur lassen sich auch auf kleiner Fläche vergleichsweise große Ernteerfolge erzielen. Permakultur-Expertin Ulrike Windsperger zeigt in diesem praktischen Ratgeber Schritt für Schritt, wie das nachhaltige Gärtnern auf dem Balkon gelingen kann. Yuna Verlag

Der Permakultur-Garten: Anbau in Harmonie mit der Natur von Graham Bell. Das Konzept der Permakultur beruht auf der Beobachtung der Natur. Ziel ist es, dauerhafte ökologische Kreisläufe zu schaffen. Graham Bell zeigt, welche Faktoren zu beachten sind, damit sich ein solches Gleichgewicht im Garten einstellt. pala Verlag

Anders gärtnern: Permakultur-Elemente im Hausgarten von Margit Rusch. Die Autorin bewirtschaftet selbst einen großen Garten nach den Prinzipien der Permakultur. Die vielen Bauanleitungen, Hinweise und Tipps aus der langjährigen Erfahrung der Autorin machen es auch Ungeübten möglich, ihren Garten nach und nach so zu gestalten, dass alle Bereiche harmonisch zusammenwirken und sich gegenseitig fördern. ökobuch Verlag

Saatgut aus dem Hausgarten von Marlies Ortner. Kräuter-, Gemüse- und Blumensaatgut selbst gewinnen. Praxis und Methoden der Vermehrung und Gewinnung von Saatgut. Hilfsmittel, Ernte, Reinigung und Lagerung der Samen sowie Aussaat und Aufzucht. Der Hauptteil über die Saatgutgewinnung wird durch kurze Pflanzenportraits von üblichen Gemüsen, Blumen und Kräutern ergänzt. ökobuch Verlag

Permakultur im Hausgarten von Jonas Gampe, ein Handbuch zur Planung und Gestaltung. Es beschreibt Schritt für Schritt, wie durch das Zusammenfügen von Permakultur-Elementen jeder Garten zu einem funktionierenden vielfältigen Ganzen (um-)gestaltet werden kann. 10 Gärten vom Balkongarten bis zum großflächigen Freigelände werden mit guten und weniger guten Erfahrungen vorgestellt. ökobuch Verlag

Mein Selbstversorger-Garten am Stadtrand von Kurt Forster. „Permakultur auf kleiner Fläche" zeigt, wie der Autor auf seinem 700 qm großen Grundstück im Hausgarten nach Permakulturprinzipien Obst u. Gemüse anbaut, so dass sich zwei Personen fast vollständig mit Beeren, Früchten, Kräutern, Pilzen, Gemüsen, Salat u.v.m. versorgen können. ökobuch Verlag

Das Biogarten-Praxisbuch von Susanne Bruns. Die Autorin vermittelt hier anhand vieler schöner Zeichnungen anschaulich und in kurzer, präziser Sprache all das Wissen, das notwendig ist, um erfolgreich gesundes, chemiefreies Gemüse und Obst anbauen und ernten zu können. Ein unverzichtbares Praxisbuch mit vielen Empfehlungen und Tipps. ökobuch Verlag

Essbare Wildpflanzen aus dem Hausgarten von Marlies Ortner. 150 Arten: Obst, Kräuter, Gemüse. Auch im kleinen Garten lässt sich eine Pflanzenlandschaft aus fruchttragenden Bäumen, Sträuchern, wilden Stauden sowie Kräutern und essbaren Bodendeckern schaffen. Mit mehr als 70 Pflanzenporträts essbarer Wildfrüchte, Wildkräuter und Wildgemüse und Tipps zur Verwertung der Ernte. ökobuch Verlag

Permakultur von David Holmgren. Gestaltungsprinzipien für zukunftsfähige Lebensweisen wurden in den 1970er Jahren von den Australiern Bill Mollison und David Holmgren als Methode einer dauerhaft nachhaltigen Landwirtschaft entwickelt. Inzwischen schätzen und praktizieren Menschen in aller Welt die Permakultur als besonders sanfte und ganzheitliche Weise der Bodenbestellung. Drachen Verlag

Permakultur konkret von Bill Mollison. Entwürfe für eine ökologische Zukunft: Dafür erhielt Bill Mollison 1981 den alternativen Nobelpreis. Seitdem arbeiten Menschen in vielen Ländern der Erde an der Umsetzung und Weiterentwicklung seiner Idee, dem Aufbau umfassender, sich selbst erhaltender Ökosysteme. Das Buch enthält drei Vorträge, die Bill Mollison 1981 in den USA zu Grundlagen, Planung und Techniken der Permakultur hielt. pala Verlag

Videos des Autors bei YouTube

Vom bzw. über den Autor und seine gärtnerischen Tätigkeiten können im Internet einige Videos (auf französisch) angeschaut werden (einfach als Suchbegriff „Joseph Chauffrey“ eingeben).

Weitere Bücher im ökobuch Verlag

Anders gärtnern

Permakultur-Elemente im Hausgarten. Ob Kräuterspirale, Krater- bzw. Hochbeet, Kartoffelturm, Wurmfarm oder Erdgewächshaus mit Hühnerstall, bei allem dient die Natur als Vorbild. Mit vielen Anleitungen für einen Hausgarten, in dem die Bereiche harmonisch zusammenwirken und sich gegenseitig fördern. Von Margit Rusch. 96 Seiten, mit vielen farbigen Abbildungen, 13,95 €

Mein kleiner Permakultur-Garten

300 kg Ernte auf 150 m^2 Fläche mitten in der Stadt. Der Autor Josef Chauffrey beschreibt die Kultivierung eines Reihenhausgartens nach Permakultur-Prinzipien und zeigt, wie sich beachtliche Ernteerfolge an Obst u. Gemüse erzielen lassen. 110 Seiten, mit vielen farbigen Abbildungen, 14,95 €

Biogarten Handbuch

Anleitung zum naturgemäßen Gärtnern in Bildern. Hier wird das notwendige Wissen vermittelt, um erfolgreich den Boden zu bestellen und reichhaltig gesundes Obst und Gemüse zu ernten. Von Annelore und Susanne Bruns. 142 Seiten, viele Abbildungen, 13,90 €

Werkbuch Biogarten

Anleitung zum handwerklichen Arbeiten in Bildern: Bau von Kompostbehältern u. Frühbeeten, Pflanzengerüsten, kleinen Lagerkellern, Kräuterspiralen, Vogelnistkästen u.v.m. Von Annelore und Susanne Bruns. 112 Seiten, mit vielen Abbildungen, 12,90 €

Auf 300 qm Gemüseland

... den Bedarf eines Haushalts ziehen. Wie man auf kleinstem Raum einen Nutzgarten anlegt und erfolgreich bewirtschaftet, können wir von unseren Vorfahren lernen. Mit schnellen, praktischen, alphabetisch geordneten Infos über die wesentlichen Pflanzen, über Anbau- und Arbeitsmethoden. Von Arthur Janson. Neugestalteter Nachdruck der Erstausgabe von 1926. 170 Seiten, 13,95 €

Saatgut aus dem Hausgarten

Nach einer Einführung in die Saatgutgewinnung und in die Praxis der Vermehrung werden die nötigen Hilfsmittel, Ernte, Reinigung und Lagerung der Samen sowie Aussaat und Aufzucht beschrieben. Mit kurzen Pflanzenporträts aller im Hausgarten üblichen Kräuter, Gemüse und Blumen. Von Marlies Ortner. 138 Seiten, mit vielen farbigen Abbildungen, 19,90 €

Trocknen und Dörren mit der Sonne

Bau & Betrieb von Solartrocknern. Ein Buch für alle, die einen funktionstüchtigen Solartrockner kostengünstig selbst bauen möchten, um Obst, Gemüse und Kräuter natürlich und hochwertig haltbar zu machen. Außerdem: Praxis des Trocknens mit vielen Tipps aus langjähriger Erfahrung. Herausgegeben von Claudia Lorenz-Ladener. 96 Seiten, mit vielen farbigen Abbildungen, 13,95 €

Terrassen und Decks aus Holz selbst gebaut

Planungsüberlegungen, sinnvolle Konstruktionen, Materialempfehlungen. Viele Beispiele und Schritt-für-Schritt-Bilder vermitteln das Wissen zum Bau schöner Holzdecks. Von Peter Himmelhuber. 102 Seiten, mit vielen farbigen Abbildungen, 14,95 €

Mein Garten lebt

Vögel, Schmetterlinge, Igel, Wildbienen und andere nützliche Tiere ansiedeln. Mit Bauanleitungen und Gestaltungsideen, um durch Nisthilfen, Schlafquartiere u.ä, Gärten tierfreundlich zu gestalten. Von Peter Himmelhuber. 96 Seiten, mit vielen farbigen Abbildungen, 13,95 €

Natürlich konservieren

Die 250 besten Rezepte, um Gemüse und Obst möglichst naturbelassen haltbar zu machen und ein maximum an Vitaminen, Nahrstoffen und Geschmack zu erhalten. Herausgegeben von Terre Vivante. 160 Seiten, mit vielen Abbildungen, 13,90 €

Trockenmauern für den Garten

Bauanleitung & Gestaltungsideen. Ob Sitzplätze oder Hochbeete einzufassen, eine Hangfläche zu terrassieren oder das Grundstück einzugrenzen: Mit einfachen Werkzeugen kann jeder kostengünstig eine schöne und dauerhafte Trockenmauer selbst bauen. Von Jana Spitzer und Reiner Dittrich. 96 Seiten, mit vielen farbigen Abbildungen, 13,95 €

Bunte Körbe aus Gräsern und Kräutern

Die Technik des Korbwickelns neu entdeckt. Anleitungen zur Herstellung von bunten Körben durch Wickeln und Vernähen von Strängen aus heimischen Faserpflanzen. Mit vielen Schritt-für-Schritt-Anleitungen. Von Walter Friedl. 96 Seiten, mit vielen farbigen Abbildungen, 17,95 €

Hauserneuerung

Instandsetzen - Modernisieren - Energiesparen - Umbauen: mit Anleitung zur Selbsthilfe. Das Buch beschreibt ausführlich den behutsamen, handwerklich sachgerechten und umweltverträglichen Umgang mit alter Bausubstanz. Von G. Haefele, W. Oed und L. Sabel. 256 Seiten, mit vielen Abbildungen, 28,90 €

Vom Altbau zum Effizienzhaus

Energietechnische Gebäudesanierung in der Praxis: Nachträgliche Wärmedämmung der Gebäudehülle, Fenstererneuerung, sowie Sanierung der Haustechnik einschließlich Lüftung, Heizung, Sanitär und Elektro. Hrsg. von Ingo Gabriel und Heinz Ladener. 200 Seiten, mit vielen farbigen Abbildungen, 36,- €

Praxis: Holzfassaden

Material, Planung, Ausführung. Das Buch zeigt nicht nur die gestalterischen Möglichkeiten moderner Holzfassaden, sondern stellt zahlreiche vorbildliche Beispiele und Detaillösungen mit Ecken, Sockel, Dach- und Fensteranschlüssen vor. Von Ingo Gabriel. 112 Seiten, mit vielen farbigen Abbildungen, 28,- €

Handbuch Lehmbau

Umfassendes Lehrbuch und Nachschlagewerk: Es zeigt Einsatzmöglichkeiten, Eigenschaften und Verarbeitungstechniken des Baustoffes Lehm. Mit Forschungsergebnissen und Beschreibungen ausgeführter Lehmhäuser. Von Gernot Minke. 222 Seiten, mit vielen Abbildungen, 38,- €

Neues Bauen mit Stroh in Europa

Bauen mit großformatigen Quadern aus gepresstem Stroh: gebaute Beispiele, erprobte Bauformen und Konstruktionen, Besonderheiten, neue Projekte und Forschungen. Von H. u. A. Gruber u. H. Santler. 112 Seiten, mit vielen Abbildungen, 14,95 €

Handbuch Strohballenbau

Ein Konstruktions-Handbuch, das Konzeption, Bautechnik und alle Details beschreibt, um aus Strohballen gut gedämmte, dauerhafte Häuser zu bauen. Mit vielen Konstruktionsdetails und Beispielen. Von Gernot Minke und Benjamin Krick. 152 Seiten, mit vielen farbigen Abbildungen, 29,90 €

Das neue Heizen

Umweltfreundlich und wirtschaftlich heizen mit Gas, Holz, Strom und Sonnenenergie. Eine vergleichende Übersicht über moderne Heizungstechniken und deren Einsatz in gut gedämmten Gebäuden. Von M. Schulz u. H. Westkämper. 230 Seiten, mit vielen farbigen Abbildungen, 29,90 €

Regenwasser für Garten und Haus

Ein kompetenter Ratgeber für Planung und Bau von Regenwassersammelanlagen nach dem Stand der Technik: Bemessung, Genehmigung, Speichertanks, Pumpen, Rohrleitungen, Zubehör. Von Karlheinz Böse. 96 Seiten, mit vielen Abbildungen, 16,95 €

Autonome Stromversorgung

Auslegung, Aufbau und Praxis autonomer Stromversorgungsanlagen mit Batteriespeicher für Beleuchtung und für netzferne Handwerks- u. Landwirtschaftsbetriebe. Von Philipp Brückmann und Georg Bopp. 126 Seiten, mit vielen Abbildungen, 18,95 €

Unsere Bücher erhalten Sie in allen Buchhandlungen.
www.oekobuch.de · E-Mail: verlag@oekobuch.de

ökobuch
Zukunft leben